Vorschläge zur Entwicklung christlicher Schulen 1

Profil

Jürgen Franzen

EDITION OCTOPUS

Jürgen Franzen, EchriS – Förderung der Entwicklung christlicher Schulen e.V.
»Profil«
Band 1 der Reihe: Vorschläge zur Entwicklung christlicher Schulen
© 2009 der vorliegenden Ausgabe: Edition Octopus im
Verlagshaus Monsenstein und Vannerdat OHG Münster
www.edition-octopus.de
© 2009 Jürgen Franzen
Alle Rechte vorbehalten
Satz: Reinhild Günther
Umschlag: Reinhild Günther

Druck und Bindung: MV-Verlag

ISBN 978-3-86582-942-9

INHALT

Herausgeber
EchriS – Förderung der Entwicklung christlicher Schulen e.V.,
Presselstraße 29, 70191 Stuttgart

Verantwortlich
Jürgen Franzen und Michael Sohn

Redaktion und Kritik
Sibrand Foerster
Kerstin Franzen
Leo Penta
Guntram Schindel
Martin Schreiner
Berthold Suchan
Nils Wiegert

Gestaltung und technische Realisierung
Reinhild Günther

Sachstand des Inhaltes
Juni 2009

Zum Einstieg

Die Bildungsdebatte ist im vollen Gange. Nicht das erste Mal in Deutschland, aber endlich wieder. Der weite Weg von den Lateinschulen KARLS DES GROSSEN über die Forderung MARTIN LUTHERS, Schulen als öffentliche Aufgabe wahrzunehmen, hat keine eindeutige Richtung mehr. Nach den Irrtümern der nationalsozialistischen Diktatur und den notwendigen Korrekturen der Nachkriegszeit in Ost und West gab es eine gewollte Bildungsreform im Osten in den Sechziger und im Westen in den Siebziger Jahren und eine vielleicht doch übereilte Reform im Osten durch den Einigungsvertrag in den Neunziger Jahren des letzten Jahrhunderts.

Der Föderalismus erfand sechzehn Variationen eines staatlichen Schulsystems, Reformpädagogik und freie Schulträger fügten weitere hinzu. Und am Ende steht die ernüchternde Feststellung, dass Deutschland im internationalen Vergleich der Schülerleistungen Mittelmaß ist. Dabei hatte sich längst die Anzahl der Gymnasiasten von Jahr zu Jahr erhöht, auch wenn das keine oder kaum eine Auswirkung auf die Anzahl der Hochschulabsolventen hatte.

Die Erkenntnis des Mittelmaßes des deutschen Schulsystems hat einen besonderen Effekt auf die Schulen in freier Trägerschaft: Die Nachfrage nach Schulplätzen ist kaum zu decken. Schulgründungen sind an der Tagesordnung, und vor allem Schulen christlicher Prägung sind wegen der unterstellten Wertevermittlung sehr gefragt und werden nach wie vor gegründet, während staatliche Schulen infolge sinkender Schülerzahlen zusammengelegt und geschlossen werden.

Die Trägerinnen[1] freier Schulen, allen voran die Kirchen, die Diakonie und die Ordensgemeinschaften, tragen Schulen teils in Jahrhunderte langer Tradition, und in jedem Fall haben sie Erfahrungen mit dieser Schulträgerschaft seit den ersten Tagen des Bestehens der Bundesrepublik. Dreht man diese Münze, dann muss die Frage erlaubt sein, warum die christlichen Schulen erst jetzt einen so auffällig guten Zulauf haben. Ohne dass dadurch die Frage endgültig beantwortet wird, können dafür zwei Ursachen vermutet werden: Entweder wurden die christlichen Schulen bis zu der Erkenntnis der Mittelmäßigkeit des deutschen Schulsystems verkannt, oder sie sind gar nicht besser, haben aber inzwischen einen Vertrauensvorsprung gegenüber den staatlichen Schulen.

Die Wahrheit wird wie so oft in der Mitte liegen. Christliche Schulen sind nicht einfach dadurch bessere Schulen, dass sie eine christliche Trägerin haben. Sie sind aber auch nicht einfach den Schulen in staatlicher Trägerschaft gleich zu setzen, denn sie haben andere Möglichkeiten der Schulgestaltung, und die wurden auch zu allen Zeiten genutzt.

---

1   Da die meisten Schulen in freier Trägerschaft eine Schulträgerin haben (Kirchen, Diakonie, Caritas, Stiftungen), wird im Text durchgängig die weibliche Form verwendet.

Schulen in christlicher Trägerschaft konnten im innerdeutschen Vergleich tatsächlich etwas besser abschließen als staatliche Schulen[2]. Der Abstand war aber zu klein, als dass ein Lorbeerblatt zum Ausruhen dazwischen gepasst hätte. Christliche Schulen müssen sich weiter entwickeln. Sie müssen dem Anspruch gerecht werden, der an sie gestellt wird, und dem Anspruch, den sie an sich selber stellen, weil sie christliche Schulen sind. Dazu müssen sie unter anderem die Freiheiten nutzen, die sie haben, weil sie Schulen in freier Trägerschaft sind.

Wir wollen mit unserer kleinen Reihe zu all dem einen Beitrag leisten. Wir möchten Vorschläge zur Entwicklung christlicher Schulen machen. Diese Vorschläge sollen einerseits bestehenden christlichen Schulen bei der Selbstvergewisserung helfen und andererseits neuen Schulen eine Richtung aufzeigen.

Die Reihe beginnt mit diesem Band „Profil", der noch keine konkreten Gestaltungsvorschläge macht. Er soll zunächst die Grundlagen christlicher Schulen klären. So eindeutig, wie der Begriff klingt, ist er nicht. Es gibt christliche Schulen im ökumenischen, aber auch im konfessionellen Sinne. Christliche Schulen gibt es in staatlicher, in kirchlicher und in völlig freier Trägerschaft. Und es gibt sie in sechzehn Bundesländern und nahezu allen Schularten.

Wir sind der Meinung, dass es wichtig ist, die Geschichte, die Rechtsgrundlagen und die Spielräume christlicher Schulen zu kennen. Deshalb haben wir diesen Band der Reihe vorangestellt.

Schulen und Schulentwicklung

Schulpflicht In Deutschland ist Schule Pflicht, es herrscht Schulpflicht. Jedes Kind hat das Recht und die Garantie auf zehn Jahre allgemeine Schulbildung und anschließend auf drei weitere Jahre berufliche Schulbildung. „Das gesamte Schulwesen steht unter der Aufsicht des Staates"[3] heißt es im Grundgesetz, und folgerichtig wäre es, dass sich der Staat um die Entwicklung der Schulen kümmerte. Selbstverständlich stünde es dann auch jedermann frei, Vorschläge zur Schulentwicklung zu machen und auf politischem Wege für mehr Ganztagsangebote, für mehr individuelle Förderung und dergleichen zu werben.

Genau das geschieht ständig in den Schulausschüssen der Kommunen und Kreise, in den Schulabteilungen der Bezirksregierungen und in den Ministerien, die für die Schulen verantwortlich sind. Eltern, Schüler und Lehrer sind auf den verschiedenen Ebenen organisiert und engagiert und leisten ihren Beitrag zur Veränderung und damit auch zur Entwicklung des deutschen Schulsystems.

---

2   STANDFEST et al. (2005)
3   So lautet wörtlich der erste Absatz des Artikel 7 des Grundgesetzes (Art 7 (1) GG).

Die Schulpflicht ist in den Schulgesetzen der Bundesländer geregelt. Sie ist nicht direkt im Grundgesetz verankert, aber aus diesem abgeleitet. „Damit der Staat seinen Bildungs- und Erziehungsauftrag – auch unabhängig von den Vorstellungen der betroffenen Eltern – wirksam und umfassend wahrnehmen kann, darf er eine allgemeine Schulpflicht einführen" heißt es in einem Urteil des Bundesverwaltungsgerichts[4].

JOHANN AMOS COMENIUS[5] gab der Pädagogik eine neue, christlich-humanistisch geprägte Richtung, und er forderte bereits im 17. Jahrhundert die Schulpflicht für alle Jungen und Mädchen aller sozialen Schichten. JOHANN AMOS COMENIUS ist interessanterweise Namensgeber staatlicher (z. B. in Köln), freier (z. B. in Aachen) und kirchlicher Schulen (z.B. in Bonn). Möglicherweise ist dies ja auch ein Zeichen für die Akzeptanz der Schulpflicht in aller Breite der Trägerschaften von Schulen, wobei dies natürlich nur ein Aspekt des Lebenswerkes von JOHANN AMOS COMENIUS ist, von dem weiter unten noch die Rede sein wird.

Schul-
entwicklung

Die stete Veränderung der Schulen erfolgt in den sechzehn Bundesländern keineswegs gleich. Das ist durchaus auch gewollt, denn die Bundesländer verfügen über die Kulturhoheit, die die Gestaltung der Schullandschaft einbezieht. Da die Bundesländer über sehr unterschiedliche Rahmenbedingungen verfügen – es gibt Stadtstaaten und Flächenstaaten, hohe und niedrige Bevölkerungsdichte und Regierungskoalitionen verschiedener Zusammensetzungen – ist das deutsche Schulsystem insgesamt sehr differenziert und zugleich ständig im Wandel.

Die Veränderungen werden auf unterschiedlichen Wegen eingeleitet, und sie sind mehr oder minder bedeutend. Schwerwiegende Einschnitte sind oft zuvor in Modellversuchen erprobt worden, wie z. B. die Ganztagsschulen oder das verkürzte Abitur. Sie können aber auch durch politische Entscheidungen ohne großen Vorlauf über die Schulen hereinbrechen, wie das den ostdeutschen Bundesländern beim Wechsel vom DDR-Schulsystem zu den neuen Länderverfassungen widerfahren ist. Weniger gravierende Änderungen finden oft nur in einzelnen Bundesländern statt, für die Betroffenen kann das aber durchaus erhebliche Auswirkungen haben.

Jüngste Beispiele sind die Einführung des Zentralabiturs in Nordrhein-Westfalen (in anderen Bundesländern zum Teil schon seit Jahrzehnten etabliert) oder die Zusammenfassung von Realschule und Hauptschule zur Realschule plus in Rheinland-Pfalz (in manchen Bundesländern gab es nie eine Trennung beider Schularten).

Es spräche einiges dafür, den Verantwortlichen in den Bundesländern die Anpassung des Schulsystems an aktuelle Herausforderungen zu überlassen, zumal sie dabei von Lehrer- und Elternverbänden, Schülervertretungen und anderen Interessensgruppen hervorragend unterstützt werden. Hinzu kommt, dass sich diese Verantwortlichen der Bundesländer auf Bundesebene in der Kultusministerkonferenz abstimmen und gemein-

---

4   Bundesverwaltungsgericht (BverwG), Urteil vom 25.08.1993, BVerwGE 94, p 82
5   Der Tscheche JAN ÁMOS KOMENSKÝ (1592-1670) war protestantischer Theologe, Philosoph und Pädagoge.

same Regeln aufstellen, damit das System insgesamt nicht auseinander bricht. Die Sache ist aber erheblich komplizierter, und es gibt gute Gründe dafür, dass das Recht auf die Errichtung freier Schulen Verfassungsstatus hat.

Trotz aller Absprachen und Vereinbarungen kommt es immer wieder auch zu Stilblüten des Föderalismus, beispielsweise wenn Lehrer oder Schüler die Grenzen der Bundesländer überschreiten. Dann wird bei den Lehrern unter Umständen die Lehrbefähigung, die in der Regel immerhin ein Staatsexamen ist, nicht anerkannt. Die Begründung liegt meistens in der Fächerkombination. Oder aber die Sprachenfolge einer Schülerin existiert nicht. So können Schüler nur in einzelnen Bundesländern ihre Fremdsprachenfolge in der Grundschule mit Dänisch, Sorbisch oder Französisch[6] eröffnen, flächendeckend ist allein Englisch.

Zwei Schulsysteme in einem

Das Grundgesetz garantiert in Deutschland ein freies Schulsystem. Nach den Erfahrungen der Weimarer Republik und der Diktatur der Nationalsozialisten hatten die Mütter und Väter der Verfassung der Bundesrepublik Deutschland gute Gründe, den staatlichen Zugriff auf die Schulen und damit auf die Bildung und Erziehung der Kinder einzuschränken. Mit dem Recht auf Errichtung freier Schulen gibt es immer die Möglichkeit einer Alternative zu staatlich verantworteter und gestalteter Bildung. Deswegen steht dieses Recht auch am Anfang des Grundgesetzes bei den Grundrechten, die vor staatlicher Willkür schützen. Diese sichern die Rechte der Bürger gegenüber dem staatlichen Zugriff und verpflichten den Staat zugleich, diese Rechte als staatliche Aufgabe wahrzunehmen.

Schulen in freier Trägerschaft Schulen in freier Trägerschaft werden nicht vom Staat getragen, sondern von anderen rechtlich verfassten Institutionen wie Vereinen, Stiftungen, Gesellschaften oder den Kirchen. Diese Trägerschaft steht unter dem Schutz des Grundgesetzes und beinhaltet Freiheiten in einem festgelegten Rahmen. Die staatliche Schulaufsicht bezieht sich allein auf die Einhaltung dieses Rahmens, die innere Gestaltung der freien Schulen ist geschütztes Recht der freien Schulträgerinnen.

Artikel 7 (4) GG: Das Recht zur Errichtung von privaten Schulen wird gewährleistet. Private Schulen als Ersatz für öffentliche Schulen bedürfen der Genehmigung des Staates und unterstehen den Landesgesetzen. Die Genehmigung ist zu erteilen, wenn die privaten Schulen in ihren Lehrzielen und Einrichtungen sowie in der wissenschaftlichen Ausbildung ihrer Lehrkräfte nicht hinter den öffentlichen Schulen zurückstehen und eine Sonderung der Schüler nach den Besitzverhältnissen der Eltern nicht gefördert wird. Die Genehmigung ist zu versagen, wenn die wirtschaftliche und rechtliche Stellung der Lehrkräfte nicht genügend gesichert ist.

---

6   In der Grundschule z. B. Dänisch in Schleswig-Holstein, Französisch in Baden-Württemberg, Sorbisch in Brandenburg

Freie Schulträgerinnen sind in ihrem Handeln und in der Vergabe ihrer Abschlüsse nicht zur Gleichartigkeit verpflichtet, sie haben das Recht auf Gleichwertigkeit. Der wesentliche Unterschied liegt in dem Recht auf Selbstbestimmung der Grundlagen.

Das staatliche Schulsystem hat eine andere Verfassungsgrundlage. Diese leitet sich aus dem Recht auf Bildung ab, das im Grundgesetz garantiert ist. Für den staatlichen Bereich formuliert der Staat Ausbildungsgänge, die sich in beruflichen Qualifikationen und entsprechenden Ausbildungsstätten ausprägen. Solche Ausbildungsstätten vorzuhalten, ist eine staatliche Aufgabe, und aus diesem Grund betreiben die Bundesländer Schulen, die jedem Kind offen stehen, deren Besuch aber auch verpflichtend ist.

Artikel 12 (1) GG: Alle Deutschen haben das Recht, Beruf, Arbeitsplatz und Ausbildungsstätte frei zu wählen. Die Berufsausübung kann durch Gesetz oder auf Grund eines Gesetzes geregelt werden.

Freie Schulträgerinnen orientieren sich an dem staatlichen Schulangebot als Rahmen für eigene, gleichwertige, aber nicht zwingend gleichartige Bildungsangebote und Schulen.

Die Gestaltung der Schulen liegt in der Hand der Bundesländer. Auch das ergibt sich aus dem Grundgesetz, alles, was nicht Bundesrecht ist, wird auf Länderebene geregelt[7]. Allerdings arbeiten die Kultusministerien der Bundesländer eng zusammen. Noch vor Gründung der Bundesrepublik haben sie sich in der Kultusministerkonferenz[8] zusammengeschlossen.

***Kultusminister-
konferenz***

Die Kultusministerkonferenz wurde 1948 gegründet. Der Konferenz gehören die Minister bzw. Senatoren[9] für Bildung, Erziehung, Hochschulen, Forschung und kulturelle Angelegenheiten aller Bundesländer an. Im Februar 1948 tagte die „Konferenz der deutschen Erziehungsminister", an der Vertreter aus allen vier deutschen Besatzungszonen teilnahmen. Die Minister aus den drei westlichen Besatzungszonen vereinbarten eine dauerhafte Zusammenarbeit und richteten dafür ein ständiges Sekretariat ein. Den Ministern aus der sowjetischen Zone wurde von der Besatzungsmacht die weitere Teilnahme nicht erlaubt.

Ziel dieser bis heute als erste Plenarsitzung der Kultusministerkonferenz bewertete Zusammenkunft sollten gemeinsame Grundlagen für den Neuaufbau des Schul- und Bildungswesens oder wenigstens die Abstimmung der Maßnahmen hierzu in den seinerzeit siebzehn deutschen Ländern sein. Themen waren unter anderem die Gesamtschuldauer bis zum Abitur von zwölf oder dreizehn Jahren, die Gestaltung und Dauer der Grundschule, die Frage der Einheitsschule, die Anerkennung von Prüfungen und die Klassenstärken, die seinerzeit bis zu siebzig Schüler betrugen. All dies sind Themen, die durchaus auch heute noch aktuell sind.

---

7   Artikel 30 GG
8   Offizieller Name: Ständige Konferenz der Kultusminister der Länder in der Bundesrepublik Deutschland
9   In Berlin, Bremen und Hamburg

Bis heute ist die Kultusministerkonferenz mit der Koordination von Fragen im Schul- und Bildungsbereich befasst. Seit ihrer Gründung versteht sie sich als Ausdruck der Kulturhoheit der Länder und trat immer wieder für diese ein. Konkret bedeutet dies vor allem die Ablehnung eines Bundeskultusministeriums und damit auch der völligen Vereinheitlichung des Schulwesens in Deutschland.

> Schon im Herbst 1949 stellte die Kultusministerkonferenz fest, „dass das Bonner Grundgesetz die Kulturhoheit der Länder innerhalb der Bundesrepublik Deutschland staatsrechtlich anerkennt", und „dass die totalitäre und zentralistische Kulturpolitik der jüngsten Vergangenheit die verhängnisvolle Verwirrung und Knechtung des Geistes und die Anfälligkeit vieler Deutscher gegenüber dem Ungeiste wesentlich mitverschuldet hat"[10].

Es gibt also einen guten Grund für die Vielfalt im deutschen Schulsystem: die Abwehr einer möglichen Gleichschaltung. Dabei nimmt die Kultusministerkonferenz zwei Funktionen wahr: Sie regelt notwendige Vereinheitlichungen und garantiert zugleich die Verschiedenheit und die Kulturhoheit der Länder. Im Ergebnis bedeutet das, dass es gewollt und verfassungsrechtlich abgesichert ist, dass jedes einzelne Bundesland eine eigene Schulgesetzgebung hat. Und aus diesen Schulgesetzen resultieren in jedem Land Verordnungen und Erlasse, die für die staatlichen Schulen des jeweiligen Landes bindend sind.

Gesetze für Schulen in freier Trägerschaft Die Schulgesetze der Bundesländer bilden den Rahmen für die Schulen in freier Trägerschaft. Die Bundesländer haben für die Schulen in freier Trägerschaft eigene Gesetze, die entweder völlig eigenständig oder die besondere Abschnitte in den Schulgesetzen der Länder sind. In jedem Bundesland ist eigens im Schulgesetz oder im Gesetz für die Schulen in freier Trägerschaft geregelt, inwieweit es für die Schulen in freier Trägerschaft bindend ist.

Diese Abgrenzung ist notwendig, weil neben dem Existenzrecht der freien Schulen und ihrem Recht auf freie Gestaltung auch das Recht auf Bildung aller (also auch der Schüler an Schulen in freier Trägerschaft) sowie die staatliche Schulaufsicht über das gesamte Schulwesen Verfassungsrechte und damit staatliche Pflichten sind. Das klingt sehr kompliziert und ist es auch. Und die Abgrenzungen sind keineswegs immer klar und eindeutig. Deshalb befinden sich auch Staat und Schulen in freier Trägerschaft immer wieder in gerichtlichen Auseinandersetzungen, die nicht selten die Verfassungsgerichte beschäftigen.

---

10 Aus dem Protokoll der ersten Sitzung der Kultusministerkonferenz nach der Gründung der Bundesrepublik Deutschland im Oktober 1949 in Bernkastel

Eigenständige Gesetze für die Schulen in freier Trägerschaft:

Baden-Württemberg: *Gesetz für die Schulen in freier Trägerschaft (Privatschulgesetz – PSchG)*

Bremen: *Gesetz über das Privatschulwesen und den Privatunterricht (Privatschulgesetz)*

Hamburg: *Hamburgisches Gesetz über Schulen in freier Trägerschaft (HmbSfTG)*

Rheinland-Pfalz: *Landesgesetz über die Errichtung und Finanzierung von Schulen in freier Trägerschaft (Privatschulgesetz – PrivSchG)*

Saarland: *Gesetz Nr. 751 – Privatschulgesetz (PrivSchG)*

Sachsen: *Gesetz über Schulen in freier Trägerschaft (SächsFrTrSchulG)*

Thüringen: *Thüringer Gesetz über Schulen in freier Trägerschaft (ThürSchfTG)*

In das Schulgesetz integrierte Abschnitte über die Schulen in freier Trägerschaft:

Bayern: *Bayerisches Gesetz über das Erziehungs- und Unterrichtswesen (BayEUG), Dritter Teil, Art. 90 bis 104*

Berlin: *Schulgesetz für das Land Berlin (Schulgesetz – SchulG), Teil VII, §§ 94 bis 103*

Brandenburg: *Gesetz über die Schulen im Land Brandenburg (Brandenburgisches Schulgesetz – BbgSchulG), Teil 10, §§ 117 bis 126*

Hessen: *Hessisches Schulgesetz (HSchG), 13. Teil, §§ 166 bis 176*

Mecklenburg-Vorpommern: *Schulgesetz für das Land Mecklenburg-Vorpommern (Schulgesetz – SchulG M-V), Teil 11, §§ 116 bis 131*

Niedersachsen: *Niedersächsisches Schulgesetz (NSchG), Elfter Teil, §§ 139 bis 161*

Nordrhein-Westfalen: *Schulgesetz für das Land Nordrhein-Westfalen (Schulgesetz NRW – SchulG), Elfter Teil, §§ 100 bis 118*

Sachsen-Anhalt: *Schulgesetz des Landes Sachsen-Anhalt (SchulG LSA), Dritter Abschnitt, §§ 14 bis 18g*

Schleswig-Holstein: *Schleswig-Holsteinisches Schulgesetz (Schulgesetz – SchulG), Siebenter Teil, §§ 115 bis 123*

Ein ganz wesentlicher Unterschied zwischen Schulen in staatlicher und Schulen in freier Trägerschaft ist also die gesetzliche Grundlage, auf der die Schulen betrieben und ausgestaltet werden. Ein weiterer Unterschied liegt in der Bedeutung der Schulträgerin. Bei den Schulen in staatlicher Trägerschaft ist mit diesem Begriff diejenige Institution gemeint, die sich um Errichtung, Erhalt und Betrieb des Schulgebäudes kümmert. In der Regel ist das eine Kommune oder ein Kreis. Diese Schulträgerin trägt Sorge dafür, dass ein Schulgebäude existiert, dass es mit Wasser und Energie versorgt wird, und dass es in Betrieb gehalten wird. Das beinhaltet auch die Beschäftigung von Hausmeistern, Handwerkern und Reinigungspersonal.

Diejenigen Aufgaben der Schule, die mit dem eigentlichen Geschäft der Schule zu tun haben, also zum Beispiel die Erteilung von Unterricht und damit auch die Bezahlung der Lehrkräfte und die Bereitstellung von Lehrmaterial, sind Aufgaben des jeweiligen Bundeslandes.

Aufgaben der Trägerinnen freier Schulen Die Trägerinnen freier Schulen haben ganz andere Aufgaben. Sie müssen nicht nur die Gebäude und die Hausmeisterdienste, sondern auch die Lehrkräfte und das Lehrmaterial stellen. Dazu bedarf es einer eigenen Verwaltung, damit beispielsweise Rechnungen bezahlt und Gehälter ausgezahlt werden. Außerdem müssen Arbeitsverträge mit dem Personal geschlossen werden, und für die Rechtsberatung, Altersvorsorge und dergleichen mehr müssen Verträge mit staatlichen und privaten Renten-, Kranken- und sonstigen Versicherungen abgeschlossen werden. Größere freie Schulträgerinnen wie die Kirchen unterhalten mit nicht unerheblichem Aufwand eigene Schulabteilungen oder Schuldezernate, oder sie haben Schulstiftungen und Schulwerke gegründet, um ihren Trägerpflichten nachzukommen.

Kleinere Schulträgerinnen sind auf Dienstleistungen anderer angewiesen. Dabei spielen auch Interessensvertretungen der Schulen und Schulträgerinnen, wie z. B. die Arbeitsgemeinschaften Freier Schulen in den Bundesländern, eine wichtige Rolle.

In Deutschland sind zwar nur sieben Prozent der Schulen solche in freier Trägerschaft, aber alleine in Nordrhein-Westfalen gibt es neben dem einen staatlichen Schulträger Nordrhein-Westfalen (wenn man von der Verantwortung für die Lehrkräfte und den Unterricht ausgeht) über hundert freie Schulträgerinnen, viele von ihnen mit nur einer Schule in ihrer Trägerschaft. Die Bedeutung der Schulträgerin ist also bei den Schulen in freier Trägerschaft eine völlig andere als bei den Schulen in staatlicher Trägerschaft.

Freiheiten der Schulen in freier Trägerschaft Der Grund für die Errichtung einer freien Schule ist natürlich nicht das Bedürfnis, die Verwaltung alleine gestalten zu können. Zentrale Bedeutung hat vielmehr die inhaltliche Ausgestaltung der Schule. Auch hier haben Schulen in freier Trägerschaft erhebliche Freiräume. Sie können die Bildungsziele selbst bestimmen und haben auch das Recht auf Erstellung eigener Unterrichtsinhalte, also eigener Kurrikula. Zwar unterliegen diese der staatlichen Genehmigung, wenn die freie Schule staatlich anerkannte Abschlüsse vergeben will, aber diese bezieht sich auch wieder nur auf einen Rahmen, in dem sich die freien Schulen bewegen müssen und den sie ausgestalten können.

Nicht nur die Schulträgerin unterscheidet sich bei staatlichen und freien Schulen. Auch die übrigen Mitglieder der Schulgemeinschaft können sich sehr voneinander unterscheiden. Während die staatliche Schule nach vorgeschriebenen Kriterien Lehrer einstellt, ist die Schule in freier Trägerschaft hierin weitgehend frei. Zwar kann der Staat durch den Zuschuss zu den Personalkosten Einfluss auf die Lehrerauswahl der freien Schule nehmen, aber verhindern oder befördern kann er die Einstellung bestimmter Lehrer nicht: Sofern die Lehrer in ihrer wissenschaftlichen Ausbildung den staatlichen Lehrern nicht nachstehen (das muss z. B. geprüft werden, wenn sie ihre Examina im Ausland gemacht haben), können sie auch eingestellt werden. Die freie Schule hat die freie Lehrerwahl.

Die Auswahl der Schüler ist ebenfalls frei für Schulen in freier Trägerschaft. Zwar kann ein Schüler oder eine Schülerin nur aufgenommen werden, wenn auch die Voraussetzungen für die gewählte Schulart vorhanden sind, aber eine Auswahl innerhalb dieser Gruppe kann nach eigenen Kriterien erfolgen. So können beispielsweise katholische Schulen die Zugehörigkeit zur katholischen Kirche durchaus zum Kriterium machen, Schüler aufzunehmen oder abzuweisen. Allerdings gibt es eine wesentliche Einschränkung: Will eine freie Schule staatliche Abschlüsse vergeben und staatliche Zuschüsse erhalten, darf sie die Schüler nicht nach den Besitzverhältnissen unterscheiden[11]. Das ist ein wichtiges und oft auch strittiges Argument bei der Festlegung von Schulgeld.

Die Freiheit der freien Schulen ist also im Grundgesetz begründet und erstreckt sich auf die Ausgestaltung der Schule – einschließlich der Bildungsziele – und die freie Wahl der Schüler und Lehrer. Diese Besonderheiten haben zwei wichtige Konsequenzen:

Einerseits müssen die Gesetze, Ordnungen und Erlasse, die in Deutschland für Schulen existieren, sehr genau darauf untersucht werden, ob sie auch für Schulen in freier Trägerschaft gelten. Gelegentlich muss auch geprüft werden, ob der Staat bei der Gesetzgebung zu Recht die Schulen in freier Trägerschaft einbezieht oder ausgrenzt.

Andererseits müssen die Schulen in freier Trägerschaft die Gestaltungsspielräume nutzen. Wenn sie den staatlichen Schulen so ähnlich werden, dass sie nicht mehr zu unterscheiden sind, dann betreiben die Schulträgerinnen mit ihrem Eigenanteil an den Kosten der freien Schule Subvention staatlicher Bildungspflicht. Das zu tun ist natürlich nicht verboten, sollte dann aber auch gegenüber Schülern, Lehrern und Eltern deutlich gemacht werden, denn die haben in der Regel einen anderen Anspruch an die Schule in freier Trägerschaft.

---

11   Das so genannte Sonderungsverbot, das im Art 7 (4) GG enthalten ist

Schulgesetze und Schulaufsicht

Wie der vorangegangene Absatz zeigt, ist das deutsche Schulsystem ein Zusammenspiel aus Schulen in staatlicher und Schulen in freier Trägerschaft. Die beiden Gruppen unterscheiden sich deutlich in ihrer Größe, nur etwa jede vierzehnte Schule ist eine in freier Trägerschaft. Dadurch ist das Angebot an freien Schulen nicht flächendeckend – vor allem nicht in jeder Schulart – aber es gibt freie Angebote in allen Bundesländern. Deshalb haben auch alle Bundesländer Regelungen für die Schulen in freier Trägerschaft getroffen. Das nicht ganz einfache System dieser Regelungen und Gesetze soll in diesem Absatz erläutert werden.

Schulaufsicht Die Umsetzung der Schulgesetze ist eine Aufgabe der Schulaufsicht. Und diese Aufgabe ist bei staatlichen Schulen eine ganz andere als bei Schulen in freier Trägerschaft. Für die Entwicklung von Schulen in freier Trägerschaft und also auch für die Entwicklung christlicher Schulen ist das nicht unerheblich.

> *Die Schulaufsicht nimmt der Staat durch die Schulaufsichtsbehörden wahr. Diese Behörden gibt es je nach Bundesland nur auf einer, auf zwei oder drei Ebenen, die dann untere, obere und oberste Schulaufsichtsbehörde sind.*

Schulaufsichts- Bei den obersten Schulaufsichtsbehörden handelt es sich um die Schul-, Bildungs-,
behörden Wissenschafts- oder Kultusministerien oder -senate, je nach Benennung und Zuschnitt der Zuständigkeiten in den Ländern. Die Bezirksregierungen bilden die oberen Schulaufsichtsbehörden. Die kommunalen Schulämter schließlich sind untere Schulaufsichtsbehörden.

Da alle drei Behördenebenen je nach Bundesland auch noch gegenüber den staatlichen Schulen andere Aufgaben haben als gegenüber den Schulen in freier Trägerschaft, mag eine Nennung der Behörden in einer Übersicht genügen.

Baden-Württemberg
* *Ministerium für Kultus, Jugend und Sport (Stuttgart)*
* *Regierungspräsidien Freiburg, Karlsruhe, Stuttgart und Tübingen*
* *Staatliche Schulämter der Städte und Kreise*

Bayern
* *Bayerisches Staatsministerium für Unterricht und Kultus (München)*
* *Regierungen von Oberbayern (München), von Niederbayern (Landshut), der Oberpfalz (Regensburg), von Oberfranken (Bayreuth), von Mittelfranken (Ansbach), von Unterfranken (Würzburg) und von Schwaben (Augsburg)[12]*
* *Staatliche Schulämter der Städte und Kreise*

---

12 Die regionalen Regierungen von Bayern nehmen die Schulaufsicht auch über die für die einzelnen Schularten zuständigen und teilweise über die Regierungsgrenzen hinweg arbeitenden Ministerialbeauftragten (MB) wahr.

Berlin
- *Senatsverwaltung für Bildung, Wissenschaft und Forschung (Berlin Mitte)*
- *Regionale Schulaufsicht Mitte, Friedrichshain-Kreuzberg, Pankow, Charlottenburg-Wilmersdorf, Spandau, Seglitz-Zehlendorf, Tempelhof-Schöneberg, Neukölln, Treptow-Köpenick, Marzahn-Hellersdorf, Lichtenberg, Reinickendorf*

Brandenburg
- *Ministerium für Bildung, Jugend und Sport (Potsdam)*
- *Staatliche Schulämter Perleberg, Eberswalde, Frankfurt an der Oder, Wünsdorf, Brandenburg an der Havel, Cottbus*

Bremen
- *Behörde der Senatorin für Bildung und Wissenschaft (Bremen)[13]*

Hamburg
- *Behörde für Schule, Jugend und Berufsbildung (Hamburg)*

Hessen
- *Hessisches Kultusministerium (Wiesbaden)*
- *Schulämter Bergstraße und Odenwaldkreis, Darmstadt-Dieburg, Frankfurt am Main, Fulda, Gießen und Vogelsbergkreis, Groß-Gerau und Main-Taunus-Kreis, Hanau und Main-Kinzig-Kreis, Hersfeld-Rotenburg und Werra-Meißner-Kreis, Hochtauneskreis und Wetteraukreis, Kassel, Lahn-Dill-Kreis und Limburg-Weilburg, Marburg und Biedenkopf, Offenbach, Rheingau-Taunus-Kreis und Wiesbaden, Schwalm-Eder-Kreis und Waldeck-Frankenberg*

Mecklenburg-Vorpommern
- *Ministerium für Bildung, Wissenschaft und Kultur (Schwerin)*
- *Schulämter Greifswald, Neubrandenburg, Rostock und Schwerin*

Niedersachsen
- *Niedersächsisches Kultusministerium (Hannover)*
- *Landesschulbehörde (Lüneburg) mit Standorten Braunschweig, Hannover und Osnabrück*
- *Außenstellen der Landesschulbehörde*

Nordrhein-Westfalen
- *Ministerium für Schule und Weiterbildung des Landes Nordrhein-Westfalen (Düsseldorf)*
- *Bezirksregierungen Arnsberg, Detmold, Düsseldorf, Köln und Münster*
- *Staatliche Schulämter der Städte und Kreise*

Rheinland-Pfalz
- *Ministerium für Bildung, Wissenschaft, Jugend und Kultur des Landes Rheinland-Pfalz (Mainz)*
- *Aufsichts- und Dienstleistungsdirektion (Trier) mit Außenstellen in Koblenz und Neustadt an der Weinstraße*

Saarland
- *Ministerium für Bildung, Familie, Frauen und Kultur (Saarbrücken)*

---

13 In Bremerhaven gibt es ein örtliches Schulamt.

Sachsen
- *Sächsisches Staatsministerium für Kultus (Dresden)*
- *Sächsische Bildungsagentur (Chemnitz) mit Regionalstellen in Bautzen, Chemnitz, Dresden, Leipzig, Zwickau*

Sachsen-Anhalt
- *Kultusministerium des Landes Sachsen-Anhalt (Magdeburg)*
- *Landesverwaltungsamt Halle an der Saale*

Schleswig-Holstein
- *Ministerium für Bildung und Frauen des Landes Schleswig-Holstein (Kiel)*
- *Schulämter der Kreise Dithmarschen, Herzogtum Lauenburg, Nordfriesland, Ostholstein, Pinneberg, Plön, Rendsburg-Eckernförde, Schleswig-Flensburg, Segeberg, Steinburg, Stormam, Nordschleswig und der Städte Flensburg, Kiel, Lübeck, Neumünster*

Thüringen
- *Thüringer Kultusministerium (Erfurt)*
- *Schulämter Artern, Bad Langensalza, Eisenach, Erfurt, Gera/Schmölln, Jena/Stadtroda, Neuhaus, Rudolstadt, Schmalkalden, Weimar, Worbis*

In einigen Bundesländern sind die Fachschulen je nach Ausrichtung einem anderen als dem Kultusministerium unterstellt. So beispielsweise die Fachschulen für soziale Berufe dem Sozialministerium in Rheinland-Pfalz oder die Fachschulen für die Berufe der Land-, Forst- und Hauswirtschaft dem Ministerium für Umwelt und Landwirtschaft in Sachsen. Oft sind dann gerade bei Schulen in freier Trägerschaft mehrere Behörden auf den verschiedenen Ebenen zuständig.

Die Schulaufsicht über die staatlichen Schulen erstreckt sich im Wesentlichen auf die Einhaltung der geltenden Schulgesetze und Verordnungen. Das betrifft die Organisation der Schulen, die Bildungsziele, die Unterrichtsinhalte, die Qualifizierung der Lehrkräfte und vieles mehr.

Der Mechanismus ist einfach: Das Bundesland legt die Regeln fest, die Schulen setzen sie um, und die Schulaufsicht überwacht die Übereinstimmung von Vorgabe und Umsetzung. Das darf allerdings nicht als reine Kontrolle verstanden werden. Die Schulaufsichtsbehörden haben zugleich auch Dienstleistungsfunktionen für die Schulen, sie nehmen die allgemeine Schulverwaltung wahr. Sie beraten und begleiten die Schulen bei der Umsetzung der Schulgesetze, führen Aus-, Fort- und Weiterbildung durch, weisen Lehrkräfte zu, organisieren Schüler- und Elternvertretungen und vieles mehr. Insgesamt wird erheblicher Aufwand betrieben, der sich in einer entsprechenden Größe und Gliederung der Schulaufsichts- und -verwaltungsbehörden – kurz Schulbehörden – widerspiegelt.

Problematisch ist in diesem Kontext zunehmend, dass die Dienstleistungsfunktionen – im schlechtesten Fall einschließlich des Qualitätsmanagements – in denselben Händen liegen wie die Schulaufsicht.

Die Schulen in freier Trägerschaft existieren nicht, um den Staat zu entlasten, sondern um ein staatliches Schulmonopol auf Bildung zu verhindern und die Schullandschaft zu bereichern. Vor allem soll es denjenigen, die ein besonderes pädagogisches oder weltanschauliches Interesse haben, die Möglichkeit geben, eine Schule nach eigenen Vorstellungen zu errichten. Es ist leicht nachzuvollziehen, dass die staatliche Aufsicht über Schulen in freier Trägerschaft Grenzen haben muss.

Schulaufsicht über Schulen in freier Trägerschaft

Die staatliche Schulaufsicht hat gegenüber den Schulen in freier Trägerschaft eine deutlich andere Aufgabe als gegenüber staatlichen Schulen. Sie betrifft drei Bereiche: allgemeine und polizeirechtliche Anforderungen, Einhaltung der Genehmigungsvoraussetzungen und – soweit der Schule durch staatliche Anerkennung Hoheitsrechte verliehen sind – die Gewährleistung der Prüfungsvorschriften, also der Vorschriften, die sich auf die Prüfungen und Abschlüsse der Schulen beziehen.

Der Rahmen der staatlichen Aufsicht ist durch allgemeine Anforderungen, Genehmigungsvoraussetzungen und Prüfungsvorschriften im gerade beschriebenen Sinne gesteckt. Wird dieser Rahmen verlassen oder von vornherein nicht eingehalten, kann der Staat die Genehmigung verweigern oder entziehen. Streng genommen geht das allerdings nur, wenn ein Verstoß gegen Verfassungsgrundsätze vorliegt. Da die Genehmigungsvoraussetzungen im Grundgesetz aufgeführt sind, wären Beschränkungen, die von den Ländern zusätzlich auferlegt würden, nicht bindend, weil das Bundesrecht das Länderrecht bricht.

Das Schulwesen steht unter der Aufsicht des Staates, nicht automatisch die Schulen. Die Schulen in freier Trägerschaft unterliegen genau genommen gar nicht der staatlichen Schulaufsicht. Diese bezieht sich auf die Trägerinnen der freien Schulen, denn eine Schule kann sich nicht selbst genehmigen lassen, sondern einer Trägerin werden die Errichtung und der Betrieb einer Schule genehmigt. Auf den ersten Blick ist das alles spitzfindig, auf den zweiten durchaus einleuchtend, und der dritte Blick auf diese Sachverhalte gehört immer wieder auch den Verfassungsgerichten, die zwischen verschiedenen Auffassungen der staatlichen Schulaufsicht und der freien Schulträgerinnen entscheiden müssen.

Bei näherer Betrachtung stellt man fest, dass es nicht die Genehmigungsvoraussetzungen sind, an denen sich staatliche Aufsicht und freie Trägerinnen reiben. Die Genehmigung ist in der Regel so einfach, wie es scheint: Sind die Voraussetzungen erfüllt, wird die Genehmigung erteilt.
Der eigentliche Streitpunkt liegt in der Genehmigung von Grundschulen in freier Trägerschaft und in der staatlichen Anerkennung von genehmigten Schulen. Bezüglich der Grundschulen steckt das Problem in Artikel 7 Absatz 5 des Grundgesetzes, der die Zulassung von Volksschulen[14] an besondere Bedingungen knüpft. Bei den sonstigen Schulen liegt das eigentliche Problem darin, dass die Schulen über die Genehmigung hinaus in den meisten Bundesländern eine staatliche Anerkennung erhalten können, die sie zum Erteilen von Abschlusszeugnissen brauchen. Diese Anerkennung ist an erheblich mehr Bedingungen geknüpft als mit der Erfüllung der Genehmigungsvoraussetzungen beschrieben sind.

---

14 Durch die Trennung der früheren Volksschulen für die Klassen 1 bis 8 in die Grund- und Hauptschulen sind sowohl Grund- als auch Hauptschulen in freier Trägerschaft von dieser Regelung betroffen.

Schulen sind kein Privatbereich, auch dann nicht, wenn es sich um Schulen in freier Trägerschaft handelt, die zuweilen ja auch in alter und irreführender Bezeichnung noch Privatschulen genannt werden. Und weil Schulen nicht zum Privatbereich gehören, gelten für alle Schulen, gleich in welcher Trägerschaft sie sich befinden, allgemeine polizeiliche Anforderungen. Diese betreffen einerseits die Schule als Einrichtung und andererseits das Personal.

Zu den polizeilichen Anforderungen gehören beispielsweise die Bauvorschriften und Brandschutzverordnungen. Das Schulgebäude muss diesbezüglich einwandfrei sein. Die technischen Einrichtungen (z. B. Heizungen, Sportgeräte, Fachräume für Naturwissenschaften und dergleichen) müssen ebenfalls beanstandungsfrei sein.

Schulen sind auch Arbeitsplätze und müssen deshalb den Anforderungen des Arbeitsschutzes[15] entsprechen. Das bezieht sich auf Fragen wie Bildschirmzeiten der Verwaltungskräfte ebenso wie auf den Umgang mit Chemikalien bei Reinigungskräften, Hausmeistern und Lehrern für Technik oder Naturwissenschaften, um nur einige Beispiele zu nennen.

Die Verkehrssicherungspflicht für den gesamten Schulbereich ist eine weitere Aufgabe der Schule. Sie bezieht sich auf Schnee- und Eisfreiheit der Gehwege, auf die Sicherung von Bäumen und Gebäuden bezüglich herabfallender Äste oder Dachlawinen, aber auch auf Verkehrsregelungen und -sicherheit innerhalb des Schulgeländes.

Das Personal muss sich den Gesundheitsbestimmungen entsprechend untersuchen lassen und ärztliche Unbedenklichkeitsbescheinigungen vorlegen. In den letzten Jahren wurden hier viele neue Schutzbestimmungen erlassen, z. B. für den Schwangerenschutz.

All diese Anforderungen werden von Polizei und Bauämtern, vom TÜV und von der Feuerwehr, von der Berufsgenossenschaft und von Arbeitsschutzbeauftragten regelmäßig überprüft. Eine Verweigerung dieser Überprüfungen kann zur Schulschließung führen. Werden bei den Überprüfungen Mängel festgestellt, kommt es oft zumindest zur Teilschließung – z. B. der Sporthalle – und im Extremfall auch zur Schließung der gesamten Schule.

Schulen in freier Trägerschaft brauchen eine Genehmigung des Staates, und sie unterstehen den Landesgesetzen. Wann die Genehmigung zu erteilen ist, ist im Grundgesetz formuliert und kann insofern auch nicht durch Landesgesetze anders festgelegt werden. Wörtlich heißt es im Grundgesetz, dass die Genehmigung erteilt wird, wenn die Schulen in freier Trägerschaft „in ihren Lehrzielen und Einrichtungen sowie in der wissenschaftlichen Ausbildung ihrer Lehrkräfte nicht hinter den öffentlichen Schulen zurückstehen und eine Sonderung der Schüler nach den Besitzverhältnissen der Eltern nicht gefördert

---

15 Gesetz über die Durchführung von Maßnahmen des Arbeitsschutzes zur Verbesserung der Sicherheit und des Gesundheitsschutzes der Beschäftigten bei der Arbeit (Arbeitsschutzgesetz – ArbSchG) vom 07.08.1996

wird. Die Genehmigung ist zu versagen, wenn die wirtschaftliche und rechtliche Stellung der Lehrkräfte nicht genügend gesichert ist."[16]

Damit sind zwar die Voraussetzungen für die Erteilung und die Verweigerung einer Genehmigung abschließend aufgeführt. Der Staat braucht allerdings Kriterien, an denen er die Verfassungsvorgaben misst. Genau dafür sind die entsprechenden Gesetze bzw. Gesetzespassagen über die Schulen in freier Trägerschaft notwendig, von denen weiter oben schon die Rede war.

Gleichartigkeit und Gleichwertigkeit

Streng genommen gibt es nur vier Genehmigungsvoraussetzungen, die der staatlichen Schulaufsicht unterliegen

- die Gleichwertigkeit der Lehrziele und Einrichtungen
- die Gleichwertigkeit der wissenschaftlichen Ausbildung der Lehrkräfte
- das Verbot der Sonderung der Schüler nach den Besitzverhältnissen
- die wirtschaftliche und rechtliche Gleichstellung der Lehrkräfte.

Natürlich sind diese Punkte nicht halb so klar, wie sie auf den ersten Blick erscheinen, denn die Voraussetzungen für die Verweigerung oder Erteilung der Genehmigung einer Schule können verschieden ausgelegt werden. Und selbstverständlich streiten sich freie Trägerinnen und Staat immer wieder über die Auslegungen. Aber es wird auch immer wieder Recht in diesen Fragen gesprochen, so dass auch hier ein großer Bereich der Schulentwicklung liegt.

Die Gleichwertigkeit der Lehrziele und Einrichtungen meint tatsächlich deren Gleichwertigkeit, nicht deren Gleichartigkeit. Unterschiede sind gewollt, die Identität staatlicher und freier Schulen kann nicht gefordert werden und ist auch nicht verfassungskonform. Wie sehr allerdings beispielsweise Lehrpläne der Schulen in freier Trägerschaft von den staatlichen Lehrplänen abweichen dürfen, ist eine Frage der Bewertung der Unterschiede. Staatsrechtswidrige Lehrinhalte sind schnell als unzulässig identifiziert, aber bei der Frage, wie der biblische Schöpfungsbericht und die biologischen Evolutionstheorien in der Schule behandelt werden, scheiden sich die Geister. Und die entsprechende Diskussion beschäftigt nicht alleine die Schulaufsicht.

Die Gleichwertigkeit der wissenschaftlichen Ausbildung der Lehrkräfte bezieht sich eindeutig auf die wissenschaftliche, nicht aber auf die pädagogische Ausbildung. Das bietet einerseits Platz für reformpädagogisch ausgebildete Lehrkräfte, öffnet aber auch – und das ist vor allem für die gymnasiale Oberstufe und die beruflichen Schulen sehr interessant – die Schulen für Lehrkräfte ohne pädagogische Ausbildung. In diesem Kriterium steckt auch der Hinweis, dass ein Staatsexamen nicht zwingende Voraussetzung für die Beschäftigung einer Lehrkraft an einer Schule in freier Trägerschaft sein kann.

Das Verbot der Sonderung der Schüler nach den Besitzverhältnissen ist immer wieder ein Diskussionspunkt, weil die Einnahmen aus Schulgeld für die Schulen in freier Trägerschaft in der Regel existenzentscheidend sind. Ohne, dass es verbindliche Vor-

---

16   So heißt es wörtlich im Artikel 7 des Grundgesetzes (Art. 7 (4) GG).

gaben gäbe, haben sich einige Faustregeln als praktikabel erwiesen: Schulgeld in der Höhe der ortsüblichen Beiträge zu den Kindertageseinrichtungen sondern die Schüler nicht nach ihren Besitzverhältnissen und eine Quote von zwanzig Prozent Teil- und Vollstipendien für bedürftige Schüler bleibt beanstandungsfrei. Einige Bundesländer kürzen ihre Finanzhilfe an die Schulen um den Beitrag, den die Schule von den Eltern einnimmt. Damit ist Schulgeld keine Einnahmequelle für die Schule, und der Staat garantiert auf diese Weise, dass keine Sonderung stattfindet[17].

Die wirtschaftliche und rechtliche Gleichstellung der Lehrkräfte ist wahrscheinlich die umstrittenste Genehmigungsvoraussetzung. Aus den vielen Urteilen, die Gerichte hierzu gefällt haben, kristallisiert sich heraus, dass ein Arbeitsvertrag und klare Regelungen zu Arbeitszeiten das Kriterium der rechtlichen Gleichstellung erfüllen. Eine tarifliche Gleichstellung ist sinnvoll und richtig, aber nicht notwendig. Bis zu Dreiviertel des ortsüblichen Tarifes wurden von Gerichten bestätigt, also nicht als wirtschaftliche Ungleichbehandlung eingestuft. Natürlich sind auch diese Argumente allenfalls Orientierungen und keinesfalls Richtwerte oder gar Vorgaben. Solche gibt es auch in diesem Bereich nicht.

Will man die Wechselwirkung der Schulen in freier Trägerschaft mit der staatlichen Schulaufsicht verstehen, dann muss man zwei Aspekte einbeziehen, die die gerade aufgezeigten Grenzen der Schulaufsicht in der Regel löchrig machen und das Verhältnis deutlich verkomplizieren: die Genehmigung von Grund- und Hauptschulen als Nachfolger der früheren Volksschulen und die staatliche Anerkennung genehmigter Schulen.

Genehmigung von Grund- und Hauptschulen Im Grundgesetz ist das Recht auf Errichtung freier Schulen in Artikel 7 Absatz (4) garantiert. Der nachfolgende Absatz schränkt dieses Recht für die Errichtung von Grund- und Hauptschulen jedoch ein.

Artikel 7 (5) GG: Eine private Volksschule[18] ist nur zuzulassen, wenn die Unterrichtsverwaltung ein besonderes pädagogisches Interesse anerkennt oder, auf Antrag von Erziehungsberechtigten, wenn sie als Gemeinschaftsschule, als Bekenntnis- oder Weltanschauungsschule errichtet werden soll und eine öffentliche Volksschule dieser Art in der Gemeinde nicht besteht.

Mit dieser Regelung erhält die Unterrichtsverwaltung, also die oben in ihrer Gliederung dargestellte Schulaufsichtsbehörde des jeweiligen Bundeslandes, das Recht, ein besonderes pädagogisches Interesse anzuerkennen oder auch nicht. Natürlich kann dieses Recht nicht willkürlich ausgeübt werden. Aber die Entscheidung über die Kriterien liegt – anders als bei den Genehmigungsvoraussetzungen – in den Händen der Schulbehörden der Länder.

---

17 In diesen Ländern müsste dann allerdings die Finanzhilfe überdurchschnittlich sein, um die Existenz der Schulen in freier Trägerschaft nicht zu gefährden. Das ist z. B. in Nordrhein-Westfalen der Fall, in Rheinland-Pfalz beispielsweise aber trotz aller guten Entwicklungen der vergangenen Jahre leider immer noch nicht.

18 Durch die Trennung der früheren Volksschulen für die Klassen 1 bis 8 in die Grund- und Hauptschulen sind sowohl Grund- als auch Hauptschulen in freier Trägerschaft von dieser Regelung betroffen.

Um ein besonderes pädagogisches Interesse nachzuweisen, muss die Trägerin der Schule das eigene pädagogische Konzept offenlegen und nachweisen, dass ein entsprechendes Interesse daran vorhanden ist.

Leider wird diese Offenlegung des pädagogischen Konzeptes immer wieder als gene-relle Anforderung an Anträge auf Errichtung von Schulen in freier Trägerschaft ver-standen. Tatsächlich gilt sie jedoch nur für die Grund- und Hauptschulen (also die Nachfolger der Volksschulen). Eine Bewertung des pädagogischen Interesses an einer weiterführenden Schule steht der Schulaufsichtsbehörde nicht zu, weil das pädago-gische Interesse nicht zu den Genehmigungsvoraussetzungen gehört.

Fast jede genehmigte Schule hat großes Interesse, auch die von der Schule vorberei-teten Prüfungen abzuhalten und die entsprechenden Abschlüsse zu erteilen, ohne da-bei auf staatliche Prüfungen, die so genannten „Externenprüfungen", angewiesen zu sein. In den meisten Bundesländern ist dafür die staatliche Anerkennung als Ersatz-schule nötig, die an erheblich mehr Bedingungen geknüpft ist, als mit den Genehmi-gungsvoraussetzungen erfüllt sind.

Gewährleistung der Prüfungs-vorschriften

Die Bestimmungen über Prüfungen und Abschlüsse, die üblicherweise Prüfungsord-nungen genannt werden, werden formal unter dem Begriff Berechtigungswesen zusam-mengefasst. Sie sind nicht im Grundgesetz unter den Genehmigungsvoraussetzungen für Schulen in freier Trägerschaft aufgeführt und liegen deshalb zu Recht in den Händen der Bundesländer, die sie in ihre Schulgesetze einbezogen haben.

In einem Urteil des Bundesverfassungsgerichtes heißt es dazu, dass mit der Ordnung des Berechtigungswesens notwendig die Aufsicht darüber verbunden ist, dass die Be-rechtigungen nur den Schülern zuerkannt werden, die den entsprechenden Bildungs-grad erworben haben. Da dies aber keine innere Schulangelegenheit ist, die bei Schulen in freier Trägerschaft unter dem Schutz des Grundgesetzes steht, wird der Staat in der Gestaltung dieser Aufsicht auch nicht durch Artikel 7 (4) GG beschränkt. Das Gericht begründet dies damit, dass das Grundgesetz den Schulen in freier Trägerschaft eine Teilhabe am Schulwesen sichert, den Staat aber nicht verpflichtet, die Feststellung der für die Berechtigungen erforderlichen Voraussetzungen durch die Schulen in freier Trägerschaft selbst vornehmen zu lassen. In diesem Falle tritt dann auch das Prinzip der Gleichwertigkeit gegenüber dem Prinzip der Gleichartigkeit weitgehend zurück[19]. Das aber ist genau das Gegenteil dessen, was die Freiheit der Schulen in freier Trägerschaft sonst ausmacht: der Vorrang der Gleichwertigkeit gegenüber der Gleichartigkeit.

Natürlich kann dieser indirekte Zugriff auf die Schulen nicht so weit gehen, dass damit die verfassungsrechtliche Freiheit im Grundsatz angetastet wird. Die Länder dürfen „das Institut der Anerkennung und die mit ihm verbundenen wirtschaftlichen Vorteile nicht dazu benutzen, die Ersatzschulen zur Anpassung an die öffentlichen Schulen [...] zu veranlassen oder unter Verletzung des Gleichheitsgebots einzelne Privatschulen gegenüber anderen Schulen zu benachteiligen. Es würde mit Artikel 7 (4) Satz 1 GG nicht zu vereinbaren sein, wenn die Ersatzschulen ohne sachlichen Grund zur Aufgabe ihrer Selbstbestimmung veranlasst werden würden."[20]

---

19 Bundesverfassungsgericht (BVerfG), Beschluss vom 14.11.1969, BVerfGE 27, p 206
20 BVerfGE 27, p 208

Dies bedeutet, dass sich Schüler bei der Aufnahme an eine Schule, beim Schulwechsel, bei der Versetzung in eine andere Klasse und bei den Abschlussprüfungen den gleichen Anforderungen stellen müssen wie Schüler staatlicher Schulen. Wie sie das notwendige Niveau für den Klassenwechsel oder den Abschluss erreichen, ist nicht Teil dieser Feststellung.

Staatlich genehmigte und anerkannte Ersatzschulen

Als Ersatzschule wird eine Schule bezeichnet, deren Struktur im staatlichen Schulsystem vorhanden oder zumindest vorgesehen ist. So ist z. B. ein Gymnasium in freier Trägerschaft in jedem Bundesland eine Ersatzschule, weil es auch in allen Bundesländern Gymnasien gibt.

Die Berufssonderschule des Christlichen Jugenddorfwerkes im Saarland ist eine Ersatzschule, obwohl es aufgrund der Landesgröße keine staatliche Berufssonderschule gibt. Eine Berufssonderschule ist aber grundsätzlich im Schulsystem des Saarlandes vorgesehen.

Eine Fachschule für Atem-, Sprech- und Stimmlehrer kann in Niedersachsen und Sachsen-Anhalt als Ersatzschule betrieben werden, weil sie dort im Schulsystem vorgesehen ist. In allen anderen Bundesländern kann sie nur als so genannte Ergänzungsschule betrieben werden. Solche Schulen erhalten in der Regel keine Finanzhilfe der Länder und sind für die Trägerin sehr teure Unternehmen.

Ähnlich ist es mit den Internationalen Schulen. Diese waren bisher im deutschen Bildungssystem nicht vorgesehen und erhielten deshalb auch nicht den Status einer Ersatzschule und folglich auch keine Finanzhilfe. Die durch die Europäische Union bedingten Veränderungen beginnen hier jedoch zu greifen und diesen Status z. B. durch die Anerkennung der Abschlüsse zu verändern.

Wir haben gezeigt, dass das deutsche Schulsystem aus staatlichen und freien Schulen besteht. Der Staat hat über das gesamte Schulwesen die Aufsicht, die er in verschiedener Weise für staatliche und freie Schulen wahrnimmt. Er bedient sich dabei der Schulaufsichtsbehörden. Die staatliche Seite des Schulsystems wird von den sechzehn Bundesländern geregelt, sie haben eigene Schulgesetze, mit denen sie ihre Kulturhoheit ausüben. Der Rahmen für die Schulen in freier Trägerschaft ist in diese Schulgesetze der Länder eingearbeitet oder in eigenständigen Gesetzen für Schulen in freier Trägerschaft geregelt. Die notwendigen Absprachen über bundeseinheitliche Regelungen und die Sicherung der Kulturhoheit der Länder hat sich die Kultusministerkonferenz zur Aufgabe gemacht.

Die föderale Vielfalt ist eine Form des Ausdrucks der Freiheit der Bildung, die freie Trägerschaft von Schulen eine andere. Die Gestaltung der freien Schulen ist Recht und Pflicht der freien Schulträgerinnen. Wenn sie ihre Schulen als Teil des Schulsystems betreiben und einen Anspruch auf staatliche Finanzhilfe geltend machen wollen, dann brauchen sie eine staatliche Genehmigung. Dafür müssen sie allgemeine polizeiliche Anforderungen und im Grundgesetz verankerte Voraussetzungen erfüllen, die sich auf die Lehr- und Lernziele der Schule, die Ausbildung der Lehrer und ihre rechtliche und wirtschaftliche Stellung beziehen und eine Auswahl der Schüler nach deren Besitzverhältnissen ausschließen. Wenn eine freie Schule Abschlüsse vergeben will, muss sie außerdem die Einhaltung der Prüfungsvorschriften gewährleisten.

Sowohl die Schulpflicht als auch die föderale Vielfalt des Schulsystems und das Recht auf Errichtung freier Schulen sind keine Zufallsprodukte der seit 1946 neu verfassten deutschen Bundesländer. Sie stehen im direkten Zusammenhang mit den Erfahrungen der ersten Hälfte des 20. Jahrhunderts und in der Folge von eineinhalb Jahrtausenden Wechselspiel von Kirche und Staat bei der Bildung der Menschen.

Geschichte des christlichen Schulwesens

Bisher war die Rede von Schulen in freier Trägerschaft und von Schulen in staatlicher Trägerschaft. Sie ergänzen sich zum deutschen Schulsystem, das im Grundgesetz verankert ist. Die staatlichen Schulen sind Ausdruck der Bildungsfreiheit nach Artikel 4, die freien Schulen sind Ausdruck der Privatschulfreiheit nach Artikel 7.

> *Viele der Schulen in Deutschland sind weit älter als das Grundgesetz, gelegentlich gibt es Doppeljubiläen, wenn z. B. das Paul-Schneider-Gymnasium in Meisenheim 2008 sein 60jähriges Jubiläum feiert und zugleich auf 450 Jahre Schulgeschichte zurückblickt. Erst durch das Grundgesetz und die Privatschulfreiheit konnte die Schule, die heute den Namen eines von den Nationalsozialisten ermordeten Pfarrers trägt, mit Beginn der Bundesrepublik als kirchliche Schule die lange Tradition fortsetzen.*

Um das Verhältnis von freien und staatlichen Schulen und die bewusste Trennung zu verstehen, ist ein Blick in die Geschichte des Schulwesens hilfreich.

Von der Lateinschule zur Schulpflicht

KARL DER GROSSE

Mit dem Untergang des römischen Reiches in der Spätantike war im 6. und 7. Jahrhundert so etwas wie eine Bildungswüste in Mitteleuropa entstanden. Es gab kaum noch Schulen, das Lateinische als Universalsprache zersplitterte in die romanischen Sprachen. In der zweiten Hälfte der 8. Jahrhunderts erließ KARL DER GROSSE[21] Gesetze, die eine Bildungsreform begründeten. Den Klöstern und Bischöfen wies er die Aufgabe zu, Schulen zu unterhalten.

> *Unterrichtssprache war Latein, das für die Schüler der verschiedenen romanischen Dialekte eine Fremdsprache war. Unterrichtet wurden die freien Künste, die* artes liberales: *das sprachliche Trivium aus Grammatik, Rhetorik und Dialektik oder Logik und das mathematische Quadrivium aus Geometrie, Arithmetik, Astronomie und Musiktheorie.*

In den Jahrhunderten nach KARL DEM GROSSEN hatten seine Reformen Bestand. Schüler besuchten Kloster- oder Domschulen und erlernten in lateinischer Sprache die *artes liberales*. Und es erfolgte schließlich auch eine erste Gliederung der Schulen: An den *scholae interiores* wurde der geistliche Nachwuchs ausgebildet, die *scholae exteriores* standen auch Laien offen.

Pfarrschulen, Ratsschulen und Stadtschulen

Im 11. Jahrhundert entwickelten sich Handwerk und Handel und damit auch ein wachsender Bildungsbedarf. Neben den Klöstern und Domschulen entstanden zunehmend auch Pfarrschulen, also solche, die nicht an einen Dom oder ein Kloster, sondern an eine Pfarrkirche gebunden waren. Und schließlich wurden auch Stadt- oder Ratsschulen

---

21 CAROLUS MAGNUS (747-814) war König der Franken und Langobarden und ab 800 römischer Kaiser.

gegründet. Der Name ist allerdings ein Hinweis auf den Geldgeber, die Inhalte wurden weiterhin im Sinne der *artes liberales* von der Kirche bestimmt und von den Scholastikern[22] dominiert.

Humanismus und Reforma-tion

Im 15. Jahrhundert nahm der Einfluss der Humanisten[23] zu, die sich von den Scholastikern abgrenzten. Für die Schulen kam dieser Wandel einer Bildungsreform gleich. An die Stelle der auf Schlussfolgerungen abzielenden Diskussion allgemeiner Grundsätze trat eine von Tugend und Unterricht geprägte Bildung für jeden. Lange Zeit existierten jedoch beide Formen, scholastische wie humanistische Schule, nebeneinander.

Durch die Reformation kam eine zweite Bildungsreform zustande. Humanismus und Reformation unterschieden sich in ihren Zielen erheblich. Während die Humanisten vor allem die Bildung neu organisieren wollten, ging es den Reformatoren um eine Neuordnung im Verhältnis der Menschen zu Gott. Dennoch war das Gemeinsame beider Richtungen stark genug, die Scholastiker zu verdrängen. Insbesondere die Ablehnung des Mönchtums hatte zur Folge, dass die Klosterschulen als Pfeiler des Bildungswesens wegbrachen.

Die Abwendung von den Klöstern bedeutete das Ende vieler Klosterschulen. Um diesem Rückgang der Bildungsmöglichkeiten entgegen zu wirken, wandte sich MARTIN LUTHER[24] an die Bürgermeister und Stadträte[25] mit der Aufforderung, Schulen zu gründen, und griff damit die Rats- und Stadtschulen des 11. Jahrhunderts auf. MARTIN LUTHER forderte die weltlichen Regenten insbesondere auf, die Anstellung und damit Bezahlung der Lehrer zu übernehmen und diese nicht der Kirche zu überlassen.

Der wohl wichtigste Weggefährte MARTIN LUTHERS in Bezug auf diese Veränderungen im Bildungssystem war PHILIPP MELANCHTHON[26]. Er schrieb die erste allgemeine Schulordnung[27] und versuchte damit, einen Rahmen für die Stadt- und Ratsschulen zu schaffen.

---

22 Scholastik ist die im Mittelalter verbreitete Methode der Wissenschaft, die von allgemeinen Grundsätzen, die zumeist aus der Bibel stammten, auf spezielle Sachverhalte führt. Ein einfaches Beispiel: Wenn alles Baumobst süß ist und wenn Äpfel Baumobst sind, dann sind Äpfel süß.
23 Diese ersten Humanisten vollzogen eine Rückbesinnung auf antike lateinische und griechische Literatur und rückten den Menschen, sein Heil und seine Gemeinschaft mit anderen Menschen in den Vordergrund der Bildung.
24 MARTIN LUTHER (1483-1546) war Augustinermönch und Theologieprofessor, der durch die ausschließliche Orientierung an Jesus Christus die Römische Kirche auf Fehlentwicklungen hinweisen wollte und entgegen seiner Absicht die Kirchenspaltung und die Gründung der protestantischen Konfessionen verursachte.
25 LUTHER (1524) pp 27 ff
26 PHILIPP MELANCHTHON (1497-1560) war Humanist, Theologe und Reformator.
27 MELANCHTHON (1528) pp 1-8

Als Moritz von Sachsen[28] 1543 die Fürstenschulen St. Afra zu Meißen und Pforta in Schulpforte gründete, öffnete sich das Schulwesen endgültig der Verweltlichung. Es folgten Grimma (1550) in Sachsen und die neue evangelische Klosterschule Rossleben (1554) in Thüringen und nach dem Augsburger Religionsfrieden 1556 dreizehn ebenfalls neue Klosterschulen in Württemberg, zu denen Maulbronn und Blaubeuren zählten[29].

Jesuiten und Gegen-reformation

Die Reformation zeigte ihre Wirkung nicht überall, viele Gebiete Europas blieben katholisch, auch wenn die Scholastiker zurückgedrängt wurden. Einige wichtige Humanisten, darunter Juan Luis Vives[30], folgten den Gedanken der Reformation nicht und hatten dennoch grundlegend neue Auffassungen von Schule und Bildung. Die Werke von Juan Luis Vives waren wegweisend für die Erziehung von Mädchen und umfassen unter anderem ein fünfbändiges Werk mit pädagogischen Grundlehren[31].

In den nicht reformierten Gebieten, in denen die Fürsten sich nicht um die Gründung der Schulen kümmerten, übernahmen zunehmend die Jesuiten[32] diese Aufgabe. Sie errichteten Kollegien als Alternative zu den Gymnasien. Die hohe Qualität des Unterrichts sorgte für eine schnelle Verbreitung der Schulen der Jesuiten, die sich in einem wesentlichen Punkt von den sächsischen Fürstenschulen und den württembergischen Klosterschulen unterschieden: Während die reformatorischen Gymnasien in ihrem Profil deutlich von den jeweiligen Pädagogen geprägt wurden, waren die katholischen Kollegien nach einem einheitlichen Muster der Jesuiten organisiert. Dies bezog sich auf den Fächerkanon ebenso wie auf die Lebens- und Erziehungsregeln, die in allen Jesuitenschulen dieselben waren und auf einem einheitlichen Leitfaden basieren, der *ratio studiorum*[33].

In Ingolstadt wirkte der erste deutsche Jesuit, Petrus Canisius[34]. Er wurde zum Namensgeber für das Canisius-Kolleg in Berlin, eines der drei deutschen Jesuitenkollegien, die jedoch infolge der zwischenzeitlichen Auflösung des Ordens im 18. Jahrhundert und einer Vertreibung im deutschen Kaiserreich erst nach 1914 gegründet wurden.

---

28 Moritz von Sachsen (1521-1553) war ab 1541 Herzog des albertinischen Sachsens und ab 1547 auch Kurfürst des Heiligen Römischen Reiches.

29 Alle diese Schulen bestehen bis heute, jedoch in mehrfach veränderter Trägerschaft und nach gelegentlichen Unterbrechungen. St. Afra in Meißen, Pforta in Schulpforte und St. Augustin in Grimma stehen heute in staatlicher Trägerschaft, die Klosterschule Rossleben wird von einer Stiftung frei getragen und die evangelischen Seminare Maulbronn und Blaubeuren werden von der Seminarstiftung der Evangelischen Kirche in Württemberg getragen.

30 Der Spanier Juan Luis Vives (1492–1540) war ein Schüler des Erasmus von Rotterdam. Er war Hoflehrer der späteren Maria I. von England und verfasste für diese eine Erziehungslehre für Mädchen.

31 Vives (1531)

32 Societas Jesu (SJ), 1534 von Ignatius von Loyola gegründet, eine Ordensgemeinschaft, die sich anfangs ausschließlich der direkten Verkündigung der christlichen Botschaft widmen wollte, aber bald erkannte, welche Bedeutung der Bildung zukam.

33 Die *ratio atque institutio studiorum societatis Iesu* ist seit 1599 die weltweit maßgebliche Anleitung jesuitischer Erziehung und Ausbildung, sie regelt das gesamte Unterrichtswesen der Societas Jesu.

34 Eigentlich Pieter Kanijs (1521-1597), Gegenreformator und Rektor und Theologieprofessor an der Universität Ingolstadt.

Die Hochzeit des Humanismus endete mit dem Dreißigjährigen Krieg in der ersten Hälfte des 17. Jahrhunderts. Vor allem die wirtschaftlichen Folgen drängten das Schulwesen, gleich ob von den Protestanten, den Katholiken oder den Fürsten getragen, in die Bedeutungslosigkeit.

Nach dem Dreißigjährigen Krieg wurde Schule auf zwei Wegen neu entwickelt: einerseits durch die Ritterschulen und andererseits durch die pietistische Bewegung. Beide Entwicklungsstränge bedeuteten die Abkehr von der allein auf kirchliche Ämter ausgerichteten Schule.

Ritterakademien und Pietismus

Die Ritterakademien waren ein vorübergehendes Phänomen. In ihnen wurden Söhne adeliger Familien erzogen, nur wer über Geld und Stand verfügte, konnte sie besuchen. Schon wegen des extrem hohen Schulgeldes konnten sie sich nicht nennenswert verbreiten.

Die ursprünglich von WOLFGANG RATKE[35] vorgeschlagenen Schulen für Mädchen und Jungen aller sozialen Schichten wurden vor allem von JOHANN AMOS COMENIUS in ihrem Aufbau und ihrer Didaktik beschrieben. Letztlich sind die Ideen beider die Grundlage für die heutigen Volksschulen.

> *JOHANN AMOS COMENIUS arbeitete nach dem Grundsatz* omnes, omnia, omnio: *Man kann alle Menschen alle Dinge grundlegend lehren. Er war davon überzeugt, dass es eine natürliche Unterrichtsform gibt, die aus den Lernenden und nicht aus der Wissenschaft erwächst. Die wesentlichen Merkmale der Schule waren für JOHANN AMOS COMENIUS*
> * *die allgemeine Schulpflicht für Jungen und Mädchen,*
> * *die Muttersprache statt Latein als Unterrichtssprache,*
> * *ein Lernprozess als Zusammenspiel von Handlung, Bild und Wort,*
> * *die Ordnung des Lehrstoffs nach seiner Lernbarkeit,*
> * *die Einteilung der Schüler in Lerngruppen,*
> * *die Einteilung des Stoffes und der Lerngruppen in aufeinanderfolgende Stufen.*

Nach JOHANN AMOS COMENIUS folgten weitere Pietisten[36] dem Ansatz, Schule für alle und auf alles hin zu betreiben. AUGUST HERMANN FRANCKE[37] gründete in Halle neben einem Waisenhaus mehrere Schulen, die letztlich zu einer Schulstadt auswuchsen, in der der berufliche und lebensnahe Aspekt des Lernens im Vordergrund stand. AUGUST HERMANN FRANCKE legte damit den Grundstock für die heutigen Realschulen. Ihm folgte NIKOLAUS LUDWIG VON ZINZENDORF[38] nach, der die Herrnhuter Brüdergemeine gründete, die ihrerseits

---

35 WOLFGANG RATKE (1571-1635) war Pädagoge und überzeugter Lutheraner. Zu seiner Zeit scheiterte er zwar mit seinen eigenen Ansätzen, war aber als Didaktiker dennoch grundlegend für die nachfolgende Zeit.
36 Der Pietismus ist eine Reformbewegung innerhalb des Protestantismus, die nach dem Dreißigjährigen Krieg einer Neuorientierung auf die Bibel und dem Bedürfnis nach Frömmigkeit entsprang.
37 AUGUST HERMANN FRANCKE (1663-1727) war Pädagoge, evangelischer Theologe und Pietist.
38 NIKOLAUS LUDWIG GRAF VON ZINZENDORF (1700-1760) war lutherisch-pietistischer Theologe, Gründer und Bischof der Herrnhuter Brüdergemeine („Brüder-Unität").

ab 1724 mehrere Schulen gründete. Die Zinzendorf-Schulen in Herrnhut (Sachsen), in Königsfeld (Württemberg) und in den Niederlanden sind bis heute in der Trägerschaft der Brüdergemeine.

Philan-thropismus Einen zweiten Anlauf, die Schulen aus der Sicht der Schüler zu gestalten, unternahmen die Philanthropen[39], allen voran JOHANN BERNHARD BASEDOW[40]. Er und seine Mitstreiter setzten in der Tradition von JOHANN AMOS COMENIUS am Ende des 18. Jahrhundert auf die Lernbereitschaft und den Lernwillen der Kinder und gründeten mit dem Philanthropin in Dessau die erste reformpädagogische Schule. Ähnliche Schulen wurden an anderen Orten gegründet.

Die Schulen der Philanthropen standen allen Schülern offen, gleich ob diese sich auf ein Studium oder den Beruf vorbereiteten. Wenn die Anstalten von AUGUST HERMANN FRANCKE die Vorläufer der Realschulen waren, dann waren die Philanthropine die ersten Gesamtschulen.

Preußen und die Schulpflicht Im 18. Jahrhundert nahmen sich die preußischen Könige der Schulen und der Schulpflicht an. Mit dem Generaledikt 1717 von FRIEDRICH WILHELM I.[41], dem Generallandschulreglement 1763 von FRIEDRICH II.[42] und dem Allgemeinen Landrecht 1794 von FRIEDRICH WILHELM II.[43] wurden alle Kinder zum Besuch einer Schule verpflichtet.

Die Schulpflicht wurde zunächst nur lückenhaft durchgesetzt, der Einsatz der Schüler in der Feld- und Fabrikarbeit war für viele Familien lebensnotwendig. Es gab die Elementarschule für breite Bevölkerungsschichten und die höheren Schulen, außerdem einige mittlere Realschulen.

Mit der Schulpflicht wurden zugleich auch die Unterbrechungen der Schulpflicht eingeführt: die Ferien. Damit die Kinder bei der Ernte helfen konnten, wurde die Schulpflicht im Sommer und im Herbst unterbrochen.

Neu-humanismus Die Kriegsniederlagen gegen NAPOLÉON BONAPARTE[44] brachten Preußen in die Abhängigkeit von Frankreich. Zur Wiedererlangung der eigenen Souveränität waren grundlegende Veränderungen in Preußen notwendig. Die preußischen Reformen umfassten auch eine

---

39 Philanthropie bezeichnet in der Bildungsdiskussion die Liebe und Zugewandtheit zum Menschen, in der Reformpädagogik steht dagegen das Wohl des Menschen im Fokus.

40 JOHANN BERNHARD BASEDOW (1724-1790) war evangelischer Theologe, Pädagoge, Schriftsteller und Philanthrop.

41 FRIEDRICH WILHELM I (1688-1740), König in Preußen, der „Soldatenkönig"

42 FRIEDRICH II (1712-1786), König von Preußen, der „Große"

43 FRIEDRICH WILHELM II (1774-1797), König von Preußen

44 NAPOLÉON BONAPARTE (1769-1821) war französischer General, Staatsmann und als NAPOLEON I. Kaiser. Er übernahm während der französischen Revolution durch einen Staatsstreich die Macht in Frankreich und führte zunächst 1806 erfolgreich Krieg gegen Preußen, das dadurch zum Überleben auf erhebliche Reformen angewiesen war. Nach den Befreiungskriegen erstarkte Preußen und gewann durch den Wiener Kongress 1815 seine alte Ausdehnung wieder zurück.

Neugestaltung des Schul- und Bildungswesens, für die WILHELM VON HUMBOLDT[45] verantwortlich war. WILHELM VON HUMBOLDT schlug ein dreistufiges Schulsystem aus Elementarschule, Gymnasium und Universität vor.

> *Die Pläne WILHELM VON HUMBOLDTS wandten sich gegen bloße Standesbildung und*
> *sollten der allgemeinen Menschenbildung dienen. Die Vorschläge waren gegen Rit-*
> *terakademien und bürgerliche Realschulen gerichtet, die vielfach eine berufsbildende*
> *Ausrichtung hatten.*
>
> *Für die dreijährige Elementarschule schlug WILHELM VON HUMBOLDT die Übernahme der*
> *Methoden JOHANN HEINRICH PESTALOZZIS[46] vor, die davon ausgehen, dass Kinder für alles,*
> *was sie erlernen können, Zeitfenster haben, in denen sie am besten lernen. Diese Zeit-*
> *fenster ordnet JOHANN HEINRICH PESTALOZZI zudem dem Kopf, dem Herzen und der Hand*
> *zu: dem intellektuellen, dem sittlichen und dem praktischen Lernen.*
>
> *Für das zehnjährige humanistische Gymnasium, das er als Vorbereitung zum Studi-*
> *um verstand, formulierte WILHELM VON HUMBOLDT die leitenden Ideen. Ganz im Sinne*
> *humanistischer Bildung setzte er auf die alten Sprachen als vornehmlichen Weg zur*
> *Schulung des Geistes.*

Eine Einheitsschule wollte WILHELM VON HUMBOLDT nicht. Das Gymnasium sollten nur
diejenigen Schüler besuchen, die sich auch auf ein Studium vorbereiteten, während
die Elementarschule frei von jeder beruflichen Orientierung Allgemeinbildung vermitteln
sollte. Die berufliche Ausbildung sollte Spezialeinrichtungen vorbehalten werden.

Die Reformen WILHELM VON HUMBOLDTS setzten sich jedoch nicht durch. In den Ländern
des Deutschen Bundes baute man auf ständische Vielfalt im Schulsystem. Das Elemen-
tarschulwesen entwickelte sich in lokalen Variationen, neben dem neuhumanistischen
Gymnasium hatten alle bereits beschriebenen Schulen Bestand, einzig die Ritterakademien verloren an Bedeutung. Die konservativen preußischen Regulative für das Volks-
schulwesen, die auf ANTON WILHELM FERDINAND STIEHL[47] zurückgehen, sicherten diese
Vielfalt bis 1872, sie räumten sogar – was völlig neu war – den Realschulen teilweise
ein Recht auf die Vergabe von Abschlüssen ein.

Die Schulpflicht setzte sich langsam durch. Während zu Beginn des 19. Jahrhunderts
etwa jedes zweite schulpflichtige Kind die Schule besuchte, waren es in den 1880er
Jahren nahezu alle.

---

45 FRIEDRICH WILHELM CHRISTIAN CARL FERDINAND VON HUMBOLDT (1767-1835) war ein deutscher Gelehrter,
    Staatsmann und Mitbegründer der Universität Berlin.
46 Der Schweizer JOHANN HEINRICH PESTALOZZI (1746-1827) war Pädagoge, Philanthrop, Schul- und Sozial-
    reformer, Philosoph und Politiker.
47 ANTON WILHELM FERDINAND STIEHL (1812-1878) war Beamter im preußischen Kultusministerium.

Kulturkampf und Reformpädagogik

Schulaufsicht
im Deutschen
Reich
Als das Vatikanische Konzil 1870 festlegte, dass der Papst in Grundsatzfragen des Glaubens unfehlbar sei, kam es zu einer innerkatholischen Spaltung zwischen den Befürwortern und den Gegnern dieses Unfehlbarkeitsdogmas[48]. Diese Spaltung war eine der Ursachen für den Kulturkampf zwischen dem Deutschen Reich unter OTTO VON BISMARCK[49] und der katholischen Kirche unter Papst PIUS IX.[50]

> *OTTO VON BISMARCK versuchte mit einer Reihe von Gesetzen und Erlassen den Einfluss der katholischen Kirche zu verringern. Zu diesen Maßnahmen gehörte die Auflösung der katholischen Abteilung im preußischen Kultusministerium 1871, das Verbot von Niederlassungen der Jesuiten 1872 und die Errichtung einer staatlichen anstelle einer kirchlichen Schulaufsicht durch das Schulaufsichtsgesetz von 1872, um nur die zu nennen, die direkten Einfluss auf das Schulwesen hatten.*

Schon 1787 waren die höheren Schulen von KARL ABRAHAM VON ZEDLITZ[51] unter staatliche Aufsicht gestellt worden, er führte gegen den Widerstand der Kirchen das Abitur als Hochschulzugangsberechtigung ein. Das Schulaufsichtsgesetz des OTTO VON BISMARCK bezog alle Schulen ein, auch wenn es nicht vollständig durchgesetzt wurde; viele vor allem protestantische Schulinspektoren blieben im Amt. Dennoch sorgte das Gesetz für eine Verstaatlichung des Schulwesens. Es kam zu „Allgemeinen Bestimmungen", die die Einrichtung, die Aufgabe und die Ziele der Volksschule regelten, der neu entstehenden Mittelschule einen Lehrplan gaben und Prüfungsordnungen für die Lehrerseminare beinhalteten.

> *Die Bestimmungen orientierten sich nicht mehr an der immer noch verbreiteten Elementarschule, sondern am Modell der ein- oder mehrklassigen Volksschule mit Klassenteilern von 80 Schülern. Die Schulfächer waren Religion, Deutsch, Rechnen, Zeichnen, die Realien, Singen und Turnen, außerdem Handarbeit für Mädchen als Wahlfach.*

Dem Verlust der kirchlichen Aufsicht über das Schulwesen standen die vollständige Alphabetisierung der Jugend und die Akademisierung der Lehrerausbildung gegenüber. Die Anzahl der Volksschullehrer verdoppelte sich in der Zeit des Deutschen Reiches, die Anzahl der Schüler pro Klasse wurde halbiert. Frauen bekamen zunehmend Zugang zum Lehramt und damit zu einem anerkannten Berufsstand.

Reform-
pädagogik
Alle Vereinheitlichung von Volksschule und höherer Schule und die Fixierung der Lerninhalte auf Staat und Kaiserreich trieben zugleich Reformansätze voran. Allen voran

---

48 I. VATIKANISCHES KONZIL (1870)

49 OTTO EDUARD LEOPOLD VON BISMARCK-SCHÖNHAUSEN (1815-1898) war Ministerpräsident von Preußen, Kanzler des Norddeutschen Bundes (1867-1871) und der erste Reichskanzler des Deutschen Kaiserreichs (1871-1890).

50 GIOVANNI MARIA MASTAI-FERRETTI (1792-1878) war als PIUS IX. von 1846 bis 1878 Papst.

51 KARL ABRAHAM FREIHERR VON ZEDLITZ UND LEIPE (1731-1793) war preußischer Minister.

wurden die Landerziehungsheime von HERMANN LIETZ[52] gegründet, deren wesentlicher Kern die Abkehr von der Schule des reinen Stofflernens war. Stattdessen wurde den Schülern ein Zuhause, ein Heim, geboten, in dem eine ganzheitliche Erziehung betrieben wurde.

Es folgte 1910 in Heppenheim die Odenwaldschule von PAUL und EDITH GEHEEB[53] als erste deutsche Gesamtschule. Nach dem Ende des Kaiserreiches wurden in der Weimarer Republik 1919 die erste Waldorfschule von RUDOLF STEINER[54] in Stuttgart und 1923 die erste deutsche Montessorischule nach MARIA MONTESSORI[55] in Jena gegründet. Die Jenaplan-Schulen gehen auf einen Entwurf von PETER PETERSEN[56] zurück, den dieser 1927 vorstellte, zu einer Schulgründung kam es zunächst nicht.

Schule unter dem Diktat des Staates

Es ist nicht ganz unproblematisch, dem Schulwesen des Dritten Reiches und dem der DDR eine gemeinsame Überschrift zu geben. Dafür waren sie viel zu verschieden. In Bezug auf die christlichen Schulen, um die es uns geht, haben sie allerdings eine gemeinsame Überschrift verdient. Es waren beides Schulsysteme, in denen christliche Schulen geschlossen oder erst gar nicht errichtet wurden.

Schule in staatlicher Hand

Seit dem Beginn des Kulturkampfes und durch das gesamte 20. Jahrhundert hindurch steht das deutsche Schulwesen unter der Aufsicht des Staates, nachdem es zuvor über Jahrhunderte von den Kirchen dominiert worden war. Der Umgang des Staates mit dieser Aufgabe ist so unterschiedlich gewesen, wie er nur sein kann.

In der Weimarer Republik entwickelte sich unter der Dominanz der einzelnen Länder ein heterogenes Schulsystem, das Elemente aller bisher vorgestellten Schularten enthielt. Nach der Machtergreifung durch die Nationalsozialisten 1933 änderte sich das erheblich.

National-sozialismus

Die jüdischen Lehrkräfte und eine große Anzahl Lehrerinnen wurden entlassen. Mit der Gründung des Reichserziehungsministeriums 1934 begann die Zentralisierung und Vereinheitlichung des Schulsystems. Koedukation wurde weitgehend abgeschafft, die wissenschaftliche Lehrerbildung entfiel, und ab 1937 wurden kirchliche Schulen geschlossen, obwohl dies gegen das Reichskonkordat[57] verstieß.

---

52 Der Deutsche HERMANN LIETZ (1868-1919) war Reformpädagoge und Gründer der deutschen Landerziehungsheime für Jungen.

53 EDITH GEHEEB-CASSIRER (1885-1982) und PAUL GEHEEB (1870-1961) waren deutsche Reformpädagogen.

54 Der Österreicher RUDOLF JOSEPH LORENZ STEINER (1861-1925) war Esoteriker und Philosoph, Begründer der Anthroposophie und der Waldorfpädagogik.

55 Die Italienerin MARIA MONTESSORI (1870-1952) war Ärztin, Reformpädagogin, Philosophin und Philanthropin. Auf sie geht die Montessoripädagogik zurück.

56 Der Deutsche PETER PETERSEN (1884-1952) war Lehrer, Pädagogikprofessor und Reformpädagoge.

57 Als Reichskonkordat wird der zwischen dem Deutschen Reich und der katholischen Kirche 1933 geschlossene Staatskirchenvertrag bezeichnet, der das Verhältnis zwischen Deutschem Reich und katholischer Kirche regelt. Es hat bis heute Gültigkeit, weil die Bundesrepublik Deutschland völkerrechtlich die Nachfolgerin des Deutschen Reiches ist.

Inhaltlich wurde die Schule zur Verbreitung nationalsozialistischer Ideen wie Rassenhass und Führerkult benutzt. Zur Ausbildung des elitären Nachwuchses für Beruf und Studium wurden die Nationalpolitischen Erziehungsanstalten (NPEA) gegründet, die im Volksmund Napola genannt wurden. Hier wurden vor allem Schüler aufgenommen, die dem Rassenideal der Nationalsozialisten entsprachen.

Ab 1937 wurden zudem Junkerschulen als Militärakademien gegründet, die den Nachwuchs für die Waffen-SS[58] ausbildeten. Hinzu kamen die Adolf-Hitler-Schulen, die als Vorschulen für die Ordensburgen dienten, in denen der Parteiführungsnachwuchs ausgebildet wurde.

Das Schulsystem der Nationalsozialisten entwickelte sich von der allgemeinen Bildung zur Kriegsausbildung, Inhalte und Ziele wurden zuletzt vollständig der Diktatur und dem Krieg untergeordnet. Mit dem Ende des zweiten Weltkrieges war auch das Schulsystem der Nationalsozialisten am Ende.

Einheitsschulen und Oberschulen

In den vier Besatzungszonen sah es nach dem zweiten Weltkrieg zunächst so aus, als würden sich konfessionsfreie Einheitsschulen durchsetzen, die statt der Militarisierung der Schüler wieder ihre allgemeine Bildung in den Vordergrund stellen würden. Wirklich umgesetzt wurde dieser Ansatz jedoch nur in der sowjetischen Besatzungszone, in Berlin gab es zumindest eine sechsjährige Grundschule.

In der sowjetischen Besatzungszone wurde eine achtjährige Einheitsschule eingeführt, auf die eine vierjährige Oberschule aufbaute. Die Oberschule hatte drei Zweige, die zum Abitur führten: einen naturwissenschaftlichen, einen neusprachlichen und einen altsprachlichen. Eine vierte Alternative bestand darin, nach einer Berufsausbildung und einiger Berufserfahrung auch ohne Abitur an die Universität zu gelangen.

In der DDR wurde die Einheitsschule 1959 um zwei auf zehn Jahre verlängert und zur Allgemeinen Polytechnischen Oberschule (POS). Durch ein „Gesetz über das Bildungssystem" wurde 1965 das Schulsystem endgültig festgelegt.

Die Bezeichnung „polytechnisch" brachte den besonderen Bezug der schulischen Ausbildung zu den Betrieben zum Ausdruck. In umfangreichen Praktika und dem Unterrichtsfach „Einführung in die sozialistische Produktion" wurde dies besonders deutlich.

Den ersten vier Klassen der POS, der so genannten Unterstufe, waren Horte angegliedert. Da fast alle Frauen berufstätig waren, waren diese Hortangebote flächendeckend. Etwa jeder zehnte Schüler wurde ab der 9. Klasse auf den späteren Besuch der Erweiterten Oberschule (EOS) vorbereitet. Dabei wurden die besten eines Jahrganges ausgewählt, Mädchen und Jungen zu gleichen Teilen. Nach zwei Jahren in der EOS erwarben die Schüler das Abitur, der parallele Weg über eine dreijährige Berufsausbildung blieb erhalten. Die EOS waren oft mit Internaten verbunden.

Private und kirchliche Schulen gab es in der DDR nicht.

---

58 Bewaffneter Teil der nationalsozialistischen Parteigruppe SS, der Schutzstaffel

Das Schulsystem entwickelte sich in der Spätantike zunächst als kirchliche Aufgabe. Die Bildung diente der Verbreitung der christlichen Lehre, die Schulen waren Ausbildungsstätten für den kirchlichen Dienst.

Durch die Reformation brach dieses System ein, weil Klöster geschlossen wurden und damit auch die Schulen. Die Reformatoren zogen daraufhin die Fürsten und Stadträte in die Verantwortung, die allerdings nur für die Kosten aufkamen und keinen Einfluss auf die Lerninhalte nahmen: Die Kirchen behielten weiter die Aufsicht. Im Zuge der Gegenreformation verbreiteten sich auch wieder katholische Schulen.

Vor allem die Pietisten öffneten Schule für nicht-kirchliche Inhalte und die Muttersprache als Unterrichtssprache. Als die preußischen Könige schließlich sukzessive die Schulpflicht einführten, war Schule zwar immer noch kirchlich getragen, aber weit mehr als Religionsunterricht.

Der Kulturkampf zwischen dem Deutschen Reich und der katholischen Kirche beendete die kirchliche Kontrolle über das Schulwesen. Der Staat übernahm die Verantwortung nun auch für die Inhalte. Die Nationalsozialisten verdrängten die noch bestehenden kirchlichen Schulen. In der DDR gab es keine kirchlichen Schulen.

Dieser historische Abriss zeigt die über eineinhalb Jahrtausende dominante Rolle der Kirche als Schulträgerin und Schulaufsicht, die erst gegen Ende des 19. Jahrhunderts schwand und einer staatlichen Schulaufsicht Platz machte. Die wesentlichen Entwicklungsschritte hin zur Schule des späten 20. Jahrhunderts haben ihre Wurzeln in einem vor allem protestantisch geprägten Schulwesen seit der Reformation.

Christliche Schulen im Schulsystem

Schulen in christlicher Trägerschaft

In Deutschland gibt es heute wieder über zweitausend Schulen, die auf der Grundlage des Grundgesetzes in einer christlichen Trägerschaft stehen. Unter den Schulen in freier Trägerschaft sind die christlichen Schulen damit die größte Gruppe. Das liegt vor allem daran, dass nicht nur christliche Vereine oder Verbände, sondern auch katholische Ordensgemeinschaften und Bistümer, evangelische Schulstiftungen und Landeskirchen sowie die Caritas und die Diakonie freie Schulträgerinnen sind.

Daneben gibt es auch christliche Schulen in staatlicher Trägerschaft und staatliche Schulen, die einem christlichen Profil verpflichtet sind. Zumindest inhaltlich richten sich die „Vorschläge zur Entwicklung christlicher Schulen" auch an diese christlichen Schulen in staatlicher Trägerschaft. Strukturell stoßen die Vorschläge bei diesen Schulen natürlich an Grenzen, wenn sie die Freiheit der freien Schulträgerinnen voraussetzen.

Wenn wir also von christlichen Schulen sprechen, sind sowohl Schulen in freier als auch in staatlicher Trägerschaft gemeint. Mit Schulen in freier Trägerschaft sind nicht nur christliche, sondern auch Schulen anderer weltanschaulicher Prägung gemeint. Das alles ist zwar erklärbar und sicher auch leicht nachvollziehbar, aber im allgemeinen Sprachgebrauch doch immer auch die Quelle von Missverständnissen. Umso wichtiger ist an dieser Stelle zu betonen, dass auch die christlichen Schulen in staatlicher Trägerschaft gemeint sind, wenn von christlichen Schulen die Rede ist, aber gerade diese ausgeschlossen sind, wenn es um Schulen in christlicher Trägerschaft geht.

Die Schulen in freier Trägerschaft wurden früher als Privatschulen bezeichnet (und werden es teilweise auch noch) und den öffentlichen Schulen gegenübergestellt. Da aber die Schulen in freier Trägerschaft in der Regel auch allen Schülern offen stehen und damit eigentlich auch öffentlich sind, ist es inzwischen weitestgehend üblich, von Schulen in freier bzw. staatlicher Trägerschaft zu sprechen, auch wenn das noch nicht in allen Schulgesetzen so geschieht.

Christliche Schulen zu entwickeln ist nach allem, was wir gezeigt haben, etwas ganz anderes, als staatliche Schulen zu entwickeln. Bei der Entwicklung christlicher Schulen geht es auch um die Abgrenzung von bekenntnisfreien staatlichen Schulen, also um das Profil christlicher Schulen. Es geht nicht um das Anderssein um jeden Preis, aber eben auch nicht um das Gleichsein in jeder Beziehung. Und bei den Schulen in christlicher Trägerschaft geht es zudem um die Nutzung des Gestaltungsspielraumes der Schulen in freier Trägerschaft.

Streng genommen sind nur diejenigen Schulen kirchliche Schulen, die sich in direkter *Schulen in* Trägerschaft der katholischen Bistümer und der evangelischen Landeskirchen befinden. *kirchlicher* Konkret bedeutet dies, dass die Bistümer oder Landeskirchen mit ihren jeweiligen Ver- *Trägerschaft* waltungen die Aufgaben der Trägerin selbst wahrnehmen, also z. B. Personal einstellen und verwalten, Schulgebäude errichten und bewirtschaften oder auch die pädagogische Arbeit begleiten und mitbestimmen.

Die meisten kirchlichen Schulen sind – zumindest im evangelischen Bereich – inzwi-schen in eine indirekte kirchliche Trägerschaft übergegangen. Sowohl auf katholischer als auch auf evangelischer Seite sind Schulwerke und Schulstiftungen gegründet wor-den, die die Aufgaben der Schulträgerinnen übernommen haben. Die damit verbundene Unabhängigkeit von den Kirchen ist vor allem im wirtschaftlichen Bereich gewollt. Die Schulen müssen sich zunehmend selber tragen, weil Zuschüsse aus Kirchensteuermitteln im Zuge sinkender Kirchensteuereinnahmen ebenfalls geringer werden.

Landeskirchen als Schulträger
- Evangelische Kirche Kurhessen-Waldeck
- Evangelische Kirche im Rheinland
- Evangelische Kirche von Westfalen
- Evangelisch-Lutherische Landeskirche Hannover
- Landeskirchenrat der Evangelischen Landeskirche der Pfalz

Bistümer als Schulträger
- Bistum Aachen
- Erzdiözese Bamberg
- Erzbistum Berlin
- Bistum Dresden-Meißen
- Bistum Eichstätt
- Bistum Erfurt
- Bistum Essen
- Bistum Hildesheim
- Erzbistum Köln
- Bistum Limburg
- Bistum Mainz
- Erzbistum München und Freising
- Bistum Münster
- Erzbistum Paderborn
- Diözese[59] Passau
- Diözese Regensburg
- Diözese Speyer
- Bistum Trier
- Diözese Würzburg

---

59 Der alte Begriff Diözese, der auf die Gliederung des römischen Reiches zurückgeht, steht für das Ge-biet der Zuständigkeit einer Kirchenverwaltung. Im Bereich der evangelischen Kirche wurde er durch den Begriff Kirchenkreis und andere ersetzt, im Bereich der katholischen Kirche wurde er weitestge-hend durch den Begriff Bistum ersetzt, der für den Zuständigkeitsbereich eines Bischofs steht.

Evangelische Schulstiftungen[60] und Schulwerke[61] als Schulträgerinnen auf landeskirchlicher Ebene

- Evangelische Schulstiftung in Baden
- Evangelische Schulstiftung in Bayern
- Evangelische Schulstiftung in Berlin-Brandenburg-schlesische Oberlausitz
- Evangelische Schulstiftung in Mecklenburg-Vorpommern und Nordelbien
- Evangelisches Schulwerk der Evangelischen Kirchen im Mitteldeutschland
- Evangelisches Schulwerk der Evangelisch-lutherischen Landeskirche Hannovers
- Schulstiftung der Evangelischen Landeskirche Württemberg
- Schulstiftung der Evangelischen Kirche Kurhessen-Waldeck
- Schulstiftung der Evangelisch-Lutherischen Landeskirche Sachsens

Katholische Schulstiftungen[62] und Schulwerke[63] auf Bistumsebene

- Bernostiftung – Katholische Stiftung für Schule und Erziehung in Mecklenburg
- Edith-Stein-Schulstiftung des Bistums Magdeburg
- Franz-Oberthür-Schulstiftung der Diözese Würzburg
- Katholischer Schulverband Hamburg
- Katholische Schulstiftung im Bistum Erfurt
- Schulstiftung der Diözese Regensburg
- Schulstiftung der Diözese Rottenburg
- Schulstiftung der Erzdiözese Freiburg
- Schulstiftung im Bistum Osnabrück
- Schulwerk der Diözese Augsburg
- Stiftung Katholische Freie Schule der Diözese Rottenburg-Stuttgart
- Stiftung Katholische Schule in der Diözese Hildesheim

Ordensschulen und Klosterschulen Etwa 30 Ordensgemeinschaften sind Trägerinnen der nahezu 300 Ordensschulen, einige sind noch an ein Kloster angeschlossen und werden als Klosterschulen betrieben. Insbesondere die Jesuiten und die Ursulinen[64], die Schwestern unserer lieben Frau[65] und die Englischen Fräulein[66] tragen diese katholischen Schulen in der Regel in enger Verbindung zu den örtlichen Bistümern oder Schulstiftungen und -werken. Auch so bekannte Orden wie die Dominikaner, die Franziskaner und die Salesianer betreiben Ordens- und Klosterschulen.

---

60 Schulstiftungen, die zur finanziellen und ideellen Unterstützung evangelischer Schulen gegründet wurden, wie z. B. die Schulstiftung der Evangelischen Kirche im Rheinland, sind nicht aufgeführt, da sie nicht Schulträgerinnen sind.
61 Schulwerke, die als Verbände evangelischer Schulen oder Schulträgerinnen agieren und nicht selbst Schulträger sind, wie z. B. das Evangelische Schulwerk in Württemberg, sind nicht aufgeführt.
62 Schulstiftungen, die zur finanziellen und ideellen Unterstützung katholischer Schulen gegründet wurden, wie z. B. die Stiftung Dr. Carl Sonnenschein in Potsdam, sind nicht aufgeführt, da sie nicht Schulträgerinnen sind.
63 Schulwerke, die als Verbände katholischer Schulen oder Schulträgerinnen agieren und nicht selbst Schulträger sind, wie z. B. das Katholische Schulwerk in Bayern, sind nicht aufgeführt.
64 Ordo Sanctae Ursulae (OSU), eine Frauengemeinschaft, die sich als Erziehungsorden versteht.
65 Sœurs de Notre Dame (SND), eine Frauengemeinschaft, die sich vorwiegend in Bildung und Erziehung engagiert.
66 Congregatio Jesu (CJ), nach ihrer Gründerin auch Maria-Ward-Schwestern genannt, eine Frauengemeinschaft zur Erziehung und der Unterrichtung von Mädchen.

Klosterschulen haben ihre Tradition in beiden Konfessionen fortgesetzt. Seit dem 16. Jahrhundert gibt es die Evangelischen Seminare, die seit 1928 in Trägerschaft der Evangelischen Seminarstiftung stehen. Von den ursprünglich vier Seminaren bestehen noch zwei evangelische Seminare in Blaubeuren und Maulbronn.

Diakonische Werke und einige Caritasverbände sind ebenfalls Trägerinnen christlicher Schulen. In der Regel stehen diese Schulen in konfessioneller Prägung der evangelischen Diakonie oder der katholischen Caritas, es sind jedoch keine kirchlich getragenen Schulen, weil die Trägerinnen eigenständige Körperschaften, Werke, Stiftungen oder Verbände sind. Hierzu gehören auch die von Bodelschwinghschen Anstalten Bethel in Bielefeld, die mehrere Schulen in ihrer Trägerschaft haben.

Schulen der Diakonie und der Caritas

Der größte Schulträger in diesem Bereich ist das Christliche Jugenddorfwerk Deutschlands, CJD. Das CJD ist ein Verein, der Mitglied im Diakonischen Werk der EKD ist, seine CJD Christophorusschulen sind jedoch konfessionsübergreifend und unabhängig von den Kirchen.

> *Schulen der Diakonie und der Caritas sind vorwiegend Förderschulen und Fachschulen für soziale Berufe. Allein die Diakonie trägt über 100 Schulen für Kinder mit Behinderungen.*

Ähnlich dem CJD gibt es weitere Trägerinnen christlicher Prägung, die nicht zur Caritas oder Diakonie gehören und auch nur eine oder wenige Schulen in ihrer Trägerschaft haben. Oft handelt es sich um Vereine, die aus Elterninitiativen entstanden sind, sehr bewusst eine christliche Prägung wählen, aber mit keiner Kirche und keinem kirchlichen Verband in Verbindung stehen. Hinzu kommen Schulen in freikirchlicher Trägerschaft, von denen es allein in Nordrhein-Westfalen mehr als 30 gibt.

Freie christliche Schulen

Eine Übersicht über diese Schulen ist nicht ganz einfach. Auch deswegen verzichten wir an dieser Stelle darauf. Manche sind in katholischen, viele in evangelischen und einige auch in konfessionsunabhängigen Verbänden organisiert.

Die Gliederung des Schulsystems

Bevor wir konkrete Vorschläge zur Entwicklung christlicher Schulen machen, wollen wir zunächst deren Rolle im deutschen Schulsystem beschreiben. Dazu gehören sowohl strukturelle als auch juristische Aspekte. Zu den strukturellen gehört vor allem ein Einblick in das deutsche Schulsystem. Da jedes Kind, das in Deutschland lebt, aufgrund der allgemeinen Schulpflicht eine Schule besucht, hat auch jedermann eine Vorstellung davon, was Schule bedeutet. Aber schon eine einfache Frage macht klar, wie verschieden diese Erfahrungen sind und wie wenig sie einen wirklichen Einblick in das Schulsystem geben: Wie lange dauert die Grundschule?

Auf diese Frage gibt es in Deutschland keine eindeutige Antwort. Je nach Bundesland gibt es vier oder sechs[67] Klassenstufen in der Grundschule, und für das Überspringen und Wiederholen von Klassen in der Grundschule gibt es zudem verschiedene Regelungen. Es wird deshalb nicht jedem einleuchten, dass wir auch an Zwölfjährige denken, wenn wir von der Grundschule sprechen, den Brandenburgern aber schon.

Die Gliederung des deutschen Schulsystems ist ausgesprochen kompliziert. Es gibt nämlich nicht nur allgemein bildende und berufsbildende Schulen, sondern auch Regelschulen[68] und Förderschulen[69] in beiden Bereichen. Das alleine wäre schon kompliziert genug, aber es ist nur das Grundprinzip der Gliederung, das jedes der Bundesländer in seiner Kulturhoheit selbst entscheidet. Ein einfacher Vergleich ist nicht ohne weiteres möglich, denn die Schulgesetze der Länder folgen keinem einheitlichen Muster. Nicht einmal ihre Zahl ist konstant, wie wir bereits gesehen haben. Gelegentlich werden mehrere Schulgesetze zu einem zusammengefasst, wie zuletzt in Nordrhein-Westfalen[70].

Schulart,
Schulform,
Schultyp
Neben dem organisatorischen Vielerlei gibt es leider noch ein begriffliches. Dass Begriffe wie Regelschule und Förderschule sehr unterschiedliche Bedeutung haben können, ist schon angeklungen. Leider werden aber auch solche wie Schulart und Schulform verschieden benutzt. Gerne würden wir uns einer allgemein gültigen Zuordnung dieser Begriffe anschließen. Da es eine solche nicht gibt, folgen wir der Mehrheit der Bundesländer und benutzen die nachfolgenden Begriffsdefinitionen, wohl wissend, dass wir dann in einigen Fällen missverstanden werden könnten.

---

67 In Berlin und in Brandenburg. Hier gibt es außerdem als Pilotprojekt die Gemeinschaftsschulen, die das gemeinsame Lernen bis Klasse 10 erproben.

68 In Thüringen wird der Begriff Regelschule anders verwendet: Die Einheit aus Haupt- und Realschule trägt diesen Namen.

69 Der Begriff Förderschule ersetzt inzwischen den alten Begriff Sonderschule, der vor allem in den alten Bundesländern verbreitet war. Eine Besonderheit hierbei: NRW hat früher zwischen Sonder- und Förderschulen unterschieden, die früheren Förderschulen, die vor allem für Aus- und Übersiedler eingerichtet waren, tragen heute diesen Zusatz in der Regel nicht mehr.

70 Durch das Schulgesetz für das Land Nordrhein-Westfalen von 2005 wurden sieben Gesetze abgelöst: Schulordnungsgesetz, Schulpflichtgesetz, Schulverwaltungsgesetz, Schulfinanzgesetz, Ersatzschulfinanzgesetz, Lernmittelfreiheitsgesetz und Schulmitwirkungsgesetz.

*Mit **Schulart** meinen wir die Organisationsform von Schule, die entweder nur einen Bildungsgang umfasst oder Bildungsgänge integrierend umfasst (Schüler verschiedener Bildungsgänge lernen in derselben Gruppe oder Klasse). Konkret sind dies z. B. die Grundschule, die Hauptschule, das Gymnasium, die Gesamtschule, die Sekundarschule, aber auch die Fachschule für Heilerziehungspflege, die Berufsfachschule für Kinderpflege oder die Förderschule mit dem Förderschwerpunkt emotionale und soziale Entwicklung.*

*Mit **Schulform** meinen wir die Organisationsform einer Schulart. Also beispielsweise die nicht integrierende Zusammenarbeit verschiedener Schularten in einem Schulzentrum oder die Kooperation von Förderzentren für Schüler mit verschiedenen Behinderungen. Schulformen sind auch die Internatsschule, die Ganztagsschule, die Schule mit Hort oder die Förderberufsschule im Berufsbildungswerk und vor allem auch Abendgymnasium und Abendrealschule.*

Schultypen *sind profilierte Formen der Schularten und Schulformen. So z. B. das altsprachliche Gymnasium, die Werkrealschule oder auch die Fernschule, bei der die Schüler wie beim Fernstudium nicht am Schulort leben.*

Wer den Anspruch hat, die christliche Schule als Schule in freier Trägerschaft auf dem Boden des Grundgesetzes zu verstehen und nicht als Ergebnis der Ländergesetzgebung, der sollte sich in diesem Dickicht der föderalen Vielfalt auskennen. Es ist für die Trägerin wichtig, sich mit einer Schule in christlicher Trägerschaft in das System einordnen zu lassen (wegen des Status der Ersatzschule ist das manchmal sogar Existenz entscheidend), ohne dabei die Schule vereinnahmen zu lassen. Unsere „Vorschläge zur Entwicklung christlicher Schulen" haben diesen Anspruch.

Föderale Vielfalt

Das Schulsystem ist in ein Gesamtbildungssystem eingebettet, das sich „von der Wiege bis zur Bahre" erstreckt. Auf den Elementarbereich der Bildung, der von den Neugeborenen bis zu den Fünfjährigen reicht, folgen mit dem Primär- und dem Sekundärbereich die Zeiten, die von der allgemeinen und der Berufsschulpflicht abgedeckt sind, also in der Regel die Zeit vom sechsten bis zum neunzehnten Lebensjahr. Danach folgen der Tertiärbereich der hochschulischen Ausbildung und der Quartärbereich der Fort- und Weiterbildung.

Schulsystem und Bildungsbereiche

Für die christlichen Bildungsträgerinnen sind all diese Bereiche von Bedeutung, sie sind in allen aktiv und haben wesentliche Anteile an ihnen. Die Vorschläge zur Entwicklung christlicher Schulen beziehen sich allerdings nur auf den Primär- und den Sekundärbereich, also auf die Bereiche, die der Erfüllung der Schulpflicht dienen.

Kinder, die das sechste Lebensjahr vollendet haben, sind in der Regel schulpflichtig. Sie besuchen ab dem darauffolgenden Schuljahresbeginn die erste von vier oder sechs aufeinanderfolgenden Klassen. Sie lernen Lesen, Schreiben und Rechnen und sie werden in Sach-, Heimat- und Naturkunde, Religionslehre, Musik, Kunst und Sport unterrichtet.

Primarstufe

Sekundarstufe I Nach der Grundschule teilt sich der Weg der Schüler. Die verschiedenen Bildungsgänge der Sekundarstufe I werden in unterschiedlichen Schularten durchlaufen, die zudem in den Bundesländern verschieden organisiert sind.

> Der Begriff **Bildungsgang** steht für eine konkrete Abfolge von Klassen, die zu einem konkreten Abschluss führt. So sind die Klassen der Grundschule, aber auch die ersten vier Klassen einer Förderschule ein Bildungsgang, der in vier (oder sechs) Jahren zum Grundschulabschluss und zum Wechsel in einen anschließenden Bildungsgang führt.

> Manche Schularten umfassen im Prinzip nur einen Bildungsgang, so die Grundschule, die Hauptschule, die Realschule und das Gymnasium. Auch dann, wenn ein Schüler das Gymnasium nach der zehnten Klasse mit Abschluss verlässt und kein Abitur macht, hat er doch den Bildungsgang des Gymnasiums besucht. Und eine Schülerin, die nach der Realschule die gymnasiale Oberstufe besucht, deutet damit nachträglich den Besuch der Realschule zum gymnasialen Bildungsgang um.

Die Schularten der Sekundarstufe I sind ursprünglich die Hauptschule, die Realschule und das Gymnasium mit je einem Bildungsgang und die Gesamtschule mit allen Bildungsgängen der Sekundarstufe I – abgesehen von denen der Förderschulen. Da die alte Formel, nach der das dreigliedrige Schulsystem auf Handwerk (Hauptschule), Verwaltung (Realschule) und Studium (Gymnasium) vorbereitet, überholt ist, haben nicht nur die Gesamtschulen, sondern auch andere integrierende Schularten an Bedeutung gewonnen.

> Zu den integrierenden Schularten gehören z. B. die Sekundarschulen in Bremen und Sachsen-Anhalt (Haupt- und Realschule) oder die schulartunabhängigen Orientierungsstufen in Mecklenburg-Vorpommern (Klassen fünf und sechs ohne Ausdifferenzierung in die drei Schularten). In den jungen Bundesländern hat die integrierende Schule im Sekundarbereich mit der POS, der Polytechnischen Oberschule der DDR, ohnedies eine lange Tradition. Diese Tradition wird in Berlin, Sachsen und in Schleswig-Holstein mit der Gemeinschaftsschule aufgegriffen bzw. neu eingeführt. Die Gemeinschaftsschule fasst alle Schularten der Sekundarstufe I zusammen und wird in diesen Ländern zwar nicht flächendeckend, aber doch als eine mögliche Schulart angeboten.

> Die Sekundarstufe I umfasst in den einzelnen Bundesländern die folgenden Schularten:

> **Baden-Württemberg**[71]**, Bayern:** *Hauptschule, Realschule, Gymnasium*

> **Berlin:** *Hauptschule, Realschule, Gymnasium, Gesamtschule, Gemeinschaftsschule*

> **Brandenburg, Hessen, Niedersachsen, Nordrhein-Westfalen, Rheinland-Pfalz**[72]**:** *Hauptschule, Realschule, Gymnasium, Gesamtschule*

> **Bremen, Sachsen-Anhalt:** *Sekundarschule, Gymnasium, Gesamtschule*

---

71 In Baden-Württemberg ist die Gesamtschule nicht als Regelschule vorgesehen, es gibt jedoch auch einzelne Gesamtschulen als Schulen besonderer Art oder als Waldorfschulen.

72 In Rheinland-Pfalz hat der Prozess der Zusammenlegung der Haupt- und Realschulen zur so genannten Realschule plus begonnen. Bis zum Schuljahr 2013/2014 soll er abgeschlossen sein. Die bisherigen Regionalen und Dualen Schulen werden in die Realschule plus überführt.

Hamburg: Stadtteilschule, Gymnasium

Mecklenburg-Vorpommern: Regionale Schule, Gymnasium, Gesamtschule

Sachsen: Mittelschule, Gymnasium, Gemeinschaftsschule

Schleswig-Holstein: Regionalschule, Gymnasium, Gesamtschule, Gemeinschaftsschule

Thüringen: Regelschule, Gymnasium, Gesamtschule

Saarland: Erweiterte Realschule, Gymnasium, Gesamtschule

In der Sekundarstufe I werden der Hauptschulabschluss und der Mittlere Schulabschluss[73] vergeben. Der Mittlere Schulabschluss kann unter bestimmten Voraussetzungen auch den Zugang zur gymnasialen Oberstufe ermöglichen. Zwischen den einzelnen Schularten der Sekundarstufe I ist ein Wechsel möglich, das System folgt im Prinzip dem Gebot der Durchlässigkeit. Zum einen ist in den Jahrgangsstufen 5 und 6 ein Wechsel in einen anderen Bildungsgang möglich[74]. Zum anderen kann an jeder der genannten Schularten grundsätzlich jeder Abschluss der Sekundarstufe I erworben werden.

Gemeinsame Grundsätze für die Gestaltung der Sekundarstufe I hat die Kultusministerkonferenz festgelegt[75]. Die Berücksichtigung dieser Grundsätze hat für die Schulen in freier Trägerschaft besondere Bedeutung. Die Übergänge von der einen zur anderen staatlichen Schule sind oft schwierig, insbesondere, wenn Landesgrenzen überschritten werden. Diese Schwierigkeiten haben natürlich auch die Schulen in freier Trägerschaft und gerade hier zeigt sich dann oft, wie vergleichbar sie mit staatlichen Schulen sind.

Im Bereich der allgemein bildenden Schulen verlängern sich die Bildungsgänge des Sekundarbereichs I in der gymnasialen Oberstufe an Gymnasien und Gesamtschulen. Zugangsvoraussetzung ist der Mittlere Schulabschluss mit Berechtigung zum Besuch der gymnasialen Oberstufe.

Die Ausgestaltung der Sekundarstufe II ist Aufgabe der Länder und eigentlich auch der freien Trägerinnen. Die Bundesländer haben sich in der Kultusministerkonferenz auf gemeinsame Grundsätze verständigt[76].   ***Sekundarstufe II***

Nach diesen Grundsätzen besteht die gymnasiale Oberstufe aus einer einjährigen Einführungsphase und einer zweijährigen Qualifikationsphase.

---

73 Früher: Realschulabschluss oder Mittlere Reife, bzw. Abschluss der Polytechnischen Oberschule der DDR
74 Soweit er nicht wegen einer gemeinsamen Orientierungsstufe oder wegen der sechsstufigen Grundschule überflüssig ist
75 Vereinbarung über Schularten und Bildungsgänge im Sekundarbereich I, Beschluss der Kultusministerkonferenz vom 03.12.1993 i.d.F. vom 02.06.2006
76 Vereinbarung zur Gestaltung der gymnasialen Oberstufe in der Sekundarstufe II, Beschluss der KMK vom 07.07.1972 i.d.F. vom 24.10.2008

Die Unterrichtsfächer sind drei Aufgabenfeldern zugeordnet[77], und es werden Pflicht- und Wahlfächer unterschieden, so dass die Schüler individuelle Schwerpunkte setzen können. Zudem werden die Fächer auf verschiedenen Anspruchsebenen unterrichtet, deren Anforderungen ebenfalls verabredet sind[78]. Für die Ermittlung der Gesamtqualifikation gibt es ein Punktesystem nach einheitlichen Vorgaben.

Nach der Grundschule müssen die Schüler zur Erlangung der Allgemeinen Hochschulreife mindestens 265 Jahreswochenstunden ab der Jahrgangsstufe 5 nachweisen, die nach der 12. oder 13. Klasse in die Abiturprüfung münden.

Duale Ausbildung   Christliche Schulträgerinnen sind nicht nur im allgemein bildenden Bereich tätig. Die duale Berufsausbildung, die parallel in einer Berufsschule und einem Betrieb erfolgt, wird von christlichen Trägerinnen ganz oder teilweise durchgeführt. Dabei können der Betrieb oder die Berufsschule oder – wie z. B. bei den Berufsbildungswerken – beides in freier und also auch christlicher Trägerschaft stehen. Insbesondere im Bereich der dualen Ausbildung behinderter Jugendlicher sind die christlichen Trägerinnen wichtige Partner der Bundesagentur für Arbeit.

Die duale Ausbildung erfolgt je nach Ausbildungsberuf und Bundesland ein bis zwei Tage pro Woche in der Berufsschule, die übrigen Tage werden im Betrieb absolviert. Darüber hinaus gibt es das Blockmodell, bei dem für einige Wochen ausschließlich Berufsschulunterricht stattfindet und die Ausbildung im Betrieb anschließend nicht von Berufsschultagen unterbrochen wird.

Für die Berufsschule gelten dieselben Regeln wie für die allgemein bildende Schule, was die Schulaufsicht, die Genehmigung von Ersatzschulen usw. angeht. Es gibt Lehrpläne, die für staatliche Schulen verpflichtend sind und für freie Schulen gleichwertige Wichtigkeit haben, wenn dieselben Abschlüsse vergeben werden sollen. Insbesondere im Blick auf die Förderberufsschulen für Auszubildende mit Behinderungen ist das eine besondere Herausforderung, da die Ausbildungszeit in der Regel dieselbe ist.

In der Regelberufsschule umfasst der Berufsschulunterricht bis zu zwölf Stunden, die entweder auf maximal acht Stunden gekürzt an einem Tag gegeben werden oder auf zwei Tage verteilt sind. Die Unterrichtsfächer sind in allgemeine Fächer (Deutsch, Politik, Religionslehre, Sport) und berufsspezifische Fächer gegliedert.

Berufsbildende Schulen   Auch im Bereich der beruflichen Bildung ist die Kultusministerkonferenz um eine Übereinstimmung zwischen den Ländern bemüht. Damit sollen Mobilität und Flexibilität der Jugendlichen gefördert werden. Ein Verfahren zur Abstimmung der Ausbildungsordnungen für die betriebliche Ausbildung und die entsprechenden Rahmenlehrpläne für die Berufs-

---

77 Sprachlich-literarisch-künstlerisch, gesellschaftswissenschaftlich, mathematisch-naturwissenschaftlich-technisch sowie Religionslehre und Sport ohne Zuordnung
78 Die Einheitlichen Prüfungsanforderungen für die Abiturprüfung (EPA) gibt es für alle Abiturprüfungsfächer.

schule sind von der Kultusministerkonferenz vereinbart[79]. Über 300 Berufe, mit denen nahezu alle Ausbildungsverhältnisse erfasst werden, sind geregelt oder neu geschaffen.

Mit weiteren Vereinbarungen über die Berufsschule[80] und ihre Abschlüsse[81], die Berufsfachschulen[82], die Fachschulen[83] und die Fachoberschulen[84] und die Ausbildung der Lehrer für die beruflichen Schulen hat die Kultusministerkonferenz eine umfassende Gliederung der beruflichen Bildung in Deutschland geschaffen.

*Die **Berufsschule** wurde schon im vorangegangenen Abschnitt als Teilzeitschule im dualen System der beruflichen Ausbildung beschrieben.*

*Die **Berufsfachschulen** sind Schulen, die Schüler mit mittlerem Schulabschluss aufnehmen und sie in einer in allgemein bildende und berufliche Fächer gegliederten, ausschließlich schulischen Form ausbilden. Die Berufsfachschule hat hohe Praxisanteile, aber keine Ausbildungsanteile im Betrieb. Berufsfachschulen gibt es z. B. für Kinder-, Familien- und Altenpflege oder Ergo- und Physiotherapie. Im Bildungssystem liegt die Berufsfachschule parallel zur Sekundarstufe II des allgemein bildenden Schulbereiches.*

*Die **Fachoberschulen** sind ebenfalls parallel zur Sekundarstufe II angesiedelt. Sie vermitteln mit einem praxisbezogenen Unterricht in den Fachrichtungen Wirtschaft und Verwaltung, Technik, Gesundheit, Ernährung, Gestaltung und anderen den Zugang zum Studium an Fachhochschulen. Die Fachrichtungen variieren je nach Bundesland[85]. Der Abschluss ist das Fachabitur bzw. die Fachhochschulreife. In Nordrhein-Westfalen und Bayern gibt es zudem eine 13. Klasse, die zum Abitur führt.*

*Darüber hinaus gibt es die **Fachschulen**, die auf die Sekundarstufe II oder eine entsprechende berufliche Vorbildung folgen. Sie gehören dennoch nicht zum Tertiärbereich der Bildung. Die Schüler der Fachschulen haben in der Regel das Abitur oder einen beruflichen bzw. einen Berufsfachschulabschluss als Zugangsvoraussetzung mitgebracht. Fachschulen gibt es z. B. für Logopäden, Techniker, Gestalter und Erzieher.*

Für Schüler mit einem so genannten sonderpädagogischen Förderbedarf, die in einer Regelschule nicht ausreichend gefördert werden können, gibt es den Behinderungsarten entsprechend unterschiedliche Förderschultypen.

Förderschulen

*Die **Förderschule G** heißt je nach Bundesland Sonderschule, Förderschule oder Förderzentrum mit dem Förderschwerpunkt geistige Entwicklung, Schule für Geistigbehinderte, Schule zur individuellen Lebensbewältigung oder Schule für praktisch Bildbare.*

---

79 Gemeinsames Ergebnisprotokoll betreffend das Verfahren bei der Abstimmung von Ausbildungsordnungen und Rahmenlehrplänen im Bereich der beruflichen Bildung vom 30.05.1972
80 Rahmenvereinbarung über die Berufsschule vom 15.03.1991
81 Vereinbarung über den Abschluss der Berufsschule vom 01.06.1979 i.d.F. vom 04.12.1997
82 Rahmenvereinbarung über die Berufsfachschulen vom 28.02.1997 i.d.F. vom 07.12.2007
83 Rahmenvereinbarung über Fachschulen vom 07.11.2002
84 Rahmenvereinbarung über Fachoberschulen vom 16.12.2004 i.d.F. vom 01.02.2007
85 In Baden-Württemberg existiert keine Fachoberschule, hier sind die entsprechenden Bildungsgänge in die Berufskollegs integriert.

Die **Förderschule K** heißt je nach Bundesland Sonderschule, Förderschule oder Förderzentrum mit dem Förderschwerpunkt körperliche und motorische Entwicklung oder Schule für Körperbehinderte.

Die **Förderschule L** heißt je nach Bundesland Förderschule mit dem Förderschwerpunkt Lernen, Schule für Lernbehinderte, Schule zur Lernförderung, Schule für Lernhilfe oder (allgemeine) Förderschule[86].

Die **Förderschule E** heißt je nach Bundesland Sonderschule, Förderschule oder Förderzentrum mit dem Förderschwerpunkt emotionale und soziale Entwicklung, Schule für Erziehungsschwierige, Schule für Entwicklungsgestörte oder Schule für Erziehungshilfe.

Die **Förderschule Sprache** heißt je nach Bundesland Sonderschule, Förderschule oder Förderzentrum mit dem Förderschwerpunkt Sprache, Sprachheilschule oder Schule für Sprachbehinderte.

Die **Förderschule Autismus** gibt es nur in einzelnen Bundesländern, sie heißt Sonderschule oder Förderschule mit dem Förderschwerpunkt Autistische Behinderung.

Die **Förderschule Hören/Sehen** heißt je nach Bundesland und Behinderung Sonderschule, Förderschule oder Förderzentrum mit dem Förderschwerpunkt Sehen bzw. Hören oder Schule für Sehbehinderte, Schule für Blinde, Schule für Hörgeschädigte, Schule für Schwerhörige und Gehörlose.

Die **Schule für Kranke** ist in einigen Bundesländern eine eigenständige Schulart, in anderen ist sie „Außenstelle" einer Regelschule in einer Klinik oder einem Rehabilitationszentrum. Als eigenständige Schulart heißt sie je nach Bundesland Förderschule Erkrankung, Förderschule mit dem Förderschwerpunkt langfristige Erkrankungen, Schule für Krankenhaus- und Hausunterricht oder Klinik- und Krankenhausschule.

---

86 In Baden-Württemberg und Mecklenburg-Vorpommern wird die Förderschule als Sonderschule für Lernförderung von den übrigen Sonderschulen begrifflich abgesetzt.

Schulen in christlicher Trägerschaft gibt es in allen Bundesländern und in nahezu allen Schularten. Wir haben gezeigt, welche Trägerinnen die christlichen Schulen haben: Kirchen und Bistümer, Schulstiftungen und Schulwerke, Orden und Klöster, Diakonie und Caritas.

Zum besseren Verstehen des gesamten föderalen Schulsystems und der Rolle der Schulen in christlicher Trägerschaft in diesem System haben wir die Schularten in ihren landesspezifischen Ausprägungen vorgestellt und dem eine Begriffsklärung vorangestellt.

Diesem Kapitel kommt eine besondere Bedeutung zu. In der Regel kennt man nur das Schulsystem des eigenen Bundeslandes und oft auch nur die Schulart, die man selbst oder die eigenen Kinder oder Eltern besucht haben. Das schränkt den Blick erheblich ein. Vieles, was in einem Bundesland unrealistisch erscheint, ist in einem anderen Realität. Der Blick auf die sechzehn Alternativen hilft, die Rolle des eigenen Bundeslandes und die der Schulen in freier Trägerschaft besser einzuschätzen.

Selbstverständnis christlicher Schulen

Bisher war die Rede von der Geschichte der christlichen Schulen und von ihrer Einordnung als Schulen in freier oder staatlicher Trägerschaft. Nun verstehen sich die christlichen Schulen aber nicht alle als Nachfolger der Jesuitenkollegs und Pietistengymnasien des 16. und 17. Jahrhunderts. Die christlichen Schulträgerinnen haben je eigene Vorstellungen von Bildung und von ihrer Schulträgerschaft. Das jeweilige Bildungsverständnis, das den einzelnen christlichen Schulen zugrunde liegt, findet sich in den Leitbildern der Schulen und Schulträgerinnen.

Auch die christlichen Schulen in direkter Trägerschaft der katholischen und evangelischen Kirchen haben Leitbilder und sehr spezielle Vorstellungen von Bildung. Dennoch gibt es für die beiden großen Konfessionen grundlegende Ansätze. Bei der Betrachtung dieser Ansätze, die wir in den beiden nachfolgenden Absätzen vorstellen wollen, sind zwei Aspekte für das Verständnis wichtig: Die Texte sind im Kontext zweier Kirchen entstanden, die sehr verschieden verfasst sind. Das macht das Verständnis für die je andere Sicht schwierig, vor allem, wenn man sich mit diesem jeweiligen Kontext nicht auseinandersetzt. Der zweite Aspekt betrifft die gerade erwähnten speziellen Vorstellungen von christlicher Schule in den konkreten Schulen. Diese sind nicht immer unmittelbar von den Grundsatzpapieren der Kirchen geprägt.

Bekenntnis-
synode von
Barmen und
II. Vatikanisches
Konzil

Die christlichen Schulen – und insbesondere die in kirchlicher Trägerschaft – sind weder ohne die historischen Wurzeln noch ohne die modernen Grundlagen der beiden großen Konfessionen zu verstehen. Dabei sind diese Grundlagen nicht ohne Weiteres vergleichbar. Zwar gab es mit der Bekenntnissynode in Barmen 1934 und dem II. Vatikanischen Konzil in Rom 1962-1965 wichtige und richtungsweisende Konferenzen beider Konfessionen, sie sind jedoch nicht vergleichbar, was ihre Dauer, ihre Themen und ihre Folgen angeht. Dennoch haben beide auch Auswirkungen auf das Bildungsverständnis der Kirchen gehabt. Der Kontext beider Konferenzen konnte wiederum nicht unterschiedlicher sein: die Barmer Bekenntnissynode war eine Antwort auf die Vereinnahmung der Kirchen durch die Nationalsozialisten in Deutschland, das II. Vatikanische Konzil stand unter dem Zeichen der Aktualisierung dogmatischer Sätze der katholischen Kirche, die schließlich in die „Dogmatische Konstitution über die Kirche – *Lumen gentium*"[87] mündete.

Wir können die Entwicklungen der christlichen Schulträgerinnen hier nicht vollständig darstellen. Deshalb werden nur die wichtigsten Grundsatzpapiere der beiden großen Konfessionen in den beiden nachfolgenden Absätzen dargestellt. In einem dritten Absatz versuchen wir – ebenfalls exemplarisch – gemeinsame Positionen beider Konfessionen vorzustellen.

---

87 II. Vatikanisches Konzil (1964)

Evangelisches Bildungsverständnis

Eines der grundlegendsten Papiere für das evangelische Selbstverständnis ist die theologische Erklärung der Bekenntnissynode von Barmen. Die meisten evangelischen Kirchen sehen in der Barmer Theologischen Erklärung[88] ein wegweisendes Lehr- und Glaubenszeugnis der Kirche im 20. Jahrhundert.

Evangelisches Selbstverständnis

> *Insbesondere die dritte und die fünfte der insgesamt sechs Thesen „verwerfen die falsche Lehre", dass die Lehre der Kirche der geltenden Weltanschauung unterworfen sein kann (dritte These) oder die Kirche sich staatliche Aufgaben aneignen kann (fünfte These). Die Barmer Theologische Erklärung enthält keine konkreten Aussagen zur Bildung, der Geist der Thesen spricht aber für eine deutliche Abgrenzung gegenüber staatlicher Ideologie und gegen die Übernahme staatlicher Aufgaben. Insofern ist für die Bildung jedenfalls abzuleiten, dass sie einerseits in evangelischen Schulen nach den Vorstellungen der Kirche und andererseits nicht in Erfüllung staatlicher Aufgaben erfolgt.*

Die Evangelische Kirche in Deutschland hat sich auf zwei Synoden mit dem Bildungsbereich grundsätzlich befasst. Die Synode 1971 in Frankfurt hatte die Überschrift „Die Evangelische Kirche und die Bildungsplanung", die Synode 1978 in Bethel stand unter der Überschrift „Leben und Erziehen – wozu?".

Der Rat der Evangelischen Kirche in Deutschland hat unter dem Titel „Maße des Menschlichen" 2003 eine Denkschrift zu evangelischen Perspektiven in der Wissens- und Lerngesellschaft herausgegeben[89]. Die Denkschrift und das darin gezeigte Bildungsverständnis der EKD gehen von grundlegenden Veränderungen der Weltgesellschaft aus, die sich in vier Perspektiven zeigten: einer räumlichen, einer zeitlichen, einer sachlichen und einer sozialen.

Die räumliche Veränderung wird in der Denkschrift mit Globalisierung bzw. Entgrenzung umschrieben. Die Herausforderung dieser Veränderung bestehe in der Öffnung gegenüber der Ökumene und den anderen Religionen.

Weltgesellschaftliche Veränderungen

Beschleunigung ist das zeitliche Diktat der Veränderungen. Dem hält die Kirche – so die Denkschrift – den Rhythmus des Kirchenjahres mit Festen von Schuld und Schwere, wie Karfreitag und Buß- und Bettag, und Festen des Neuanfangs, wie Weihnachten, Ostern und Pfingsten entgegen.

Die Sachen erfahren eine Entwertung. Sie werden austauschbar und damit schließlich wertlos. Dem hält die EKD eine Bildung entgegen, die den Wert von Natur und Kultur im Sinne einer verantwortlichen Herrschaft über die Erde vermittelt.

---

88 Die Barmer Theologische Erklärung ist im Volltext im Evangelischen Gesangbuch zu finden.
89 RAT DER EVANGELISCHEN KIRCHE IN DEUTSCHLAND (2003)

Die soziale Weltveränderung zeigt sich in der Individualisierung. Allerdings unterscheidet die EKD hier zwischen der protestantisch gewollten Individualisierung des einzelnen Geschöpfes Gottes und dem Verschwinden gemeinsamer sozialer Verantwortung. Sie hält dem das christliche Menschenbild entgegen. Der Mensch ist nicht nur Gottes Ebenbild, er steht auch in Beziehung zu Gott und seinen Mitmenschen. Aus dieser Beziehung ergibt sich die Verantwortung für das Gegenüber und die Natur und schließlich auch für den ökonomisch richtigen Umgang mit dem, was Gott den Menschen geschenkt hat.

Grundsätze evangelischen Bildungsverständnisses

Das in der Denkschrift „Maße des Menschlichen" dargelegte evangelische Bildungsverständnis mündet in zwanzig Thesen zur Bildung[90], und es fußt auf Grundsätzen evangelischen Bildungsverständnisses.

> In der Denkschrift heißt es wörtlich: „Bilder vom Menschen und die Bildung des Menschen hängen zwar miteinander zusammen, aber für die komplizierten bildungspolitischen Probleme und pädagogischen Aufgaben lassen sich aus den biblischen Grunderfahrungen des Glaubens und aus theologischen Glaubenslehren konkrete Folgerungen nicht einfach deduzieren. »Grundsätze« haben eine andere Funktion, sie bezeichnen positiv allgemeine Richtlinien und markieren negativ Grenzen. Grundsätze sind situationsgerecht zu konkretisieren; deshalb sind in unterschiedlichen Situationen unterschiedliche Empfehlungen angezeigt. Grundsätze verkörpern kein starres dogmatisches Gefüge, sondern verlangen erneute Auslegung. Diese Denkschrift will nichts vorschreiben, aber zu erwägen geben, welche humanen Verluste eine Gesellschaft erleidet, wenn sie Grundlagenfragen von Bildung und Erziehung vernachlässigt.

> Das Verständnis von Bildung auf der Grundlage des christlichen Glaubens variiert zwischen den Konfessionen und hat sich geschichtlich entwickelt. Bildung erhielt ihren Sinn Ende des 18. Jahrhunderts als Gegenbegriff gegen die Funktionalisierung und drohende Selbstentfremdung des einzelnen Menschen in der Moderne. Der bedeutendste theologische und pädagogische evangelische Klassiker in dieser Zeit, FRIEDRICH SCHLEIERMACHER[91], betonte die unvertretbare persönliche »Selbständigkeit« jeder Person für den rechten evangelischen Glauben. Sie galt grundsätzlich für Denken und Handeln überhaupt. Mit dem Blick auf das eigene »Selbst« ist nicht ein Kult des Individualismus gemeint, sondern selbstverantwortliche Selbstprüfung, die Selbstreflexion voraussetzt. Dies ist die bis heute gebliebene selbstreflexive Struktur des Bildungsbegriffs. Gegenüber den Formeln einer »Wissens-« und »Lerngesellschaft« gilt daher: Erst als eine »Bildungsgesellschaft« – in diesem präzisen, auf verantwortliche Mündigkeit gerichteten Sinn – wird auch ein Gemeinwesen selbstreflexiv und kann sich Demokratie als partizipatorische Bürger- und Zivilgesellschaft gestalten."

Mit Bezug auf die oben formulierten weltgesellschaftlichen Veränderungen Entgrenzung, Beschleunigung, Entwertung und Individualisierung werden in der Denkschrift vier Grundsätze des evangelischen Bildungsverständnisses formuliert.[92]

---

90 RAT DER EVANGELISCHEN KIRCHE IN DEUTSCHLAND (2003) pp 89-95

91 FRIEDRICH DANIEL ERNST SCHLEIERMACHER (1768-1834) war protestantischer Theologe, Pädagoge und Philosoph, Schriftsteller und Übersetzer der Werke PLATONS.

92 RAT DER EVANGELISCHEN KIRCHE IN DEUTSCHLAND (2003) pp 60-65

Die wörtliche Zusammenfassung der vier Grundsätze aus „Maße des Menschlichen":
– Bildung ist aus evangelischer Sicht räumlich auf dieser Erde auszurichten auf Er-
ziehung zum Frieden, Achtung der freiheitlichen Rechtsordnung, Förderung sozialer
Gerechtigkeit, Fürsorge für das versehrbare Leben und Verständigung mit Menschen
anderer Kulturen und Religionen.
– Bildung hat zeitlich die individuelle Entwicklung und Lebensgeschichte jedes Kindes,
Jugendlichen und Erwachsenen zu berücksichtigen, das verständnisvolle Verhältnis
zwischen den Generationen zu unterstützen und selbstkritisch aus geschichtlicher Er-
innerung und Überlieferung zu schöpfen.
– Bildung erinnert an die Güter des Lebens als Gottes Gaben, erzieht zu Dankbarkeit,
schärft ein, Maße und Grenzen menschlicher Geschöpflichkeit ernst zu nehmen, und
ermutigt, in der Kraft des befreienden Evangeliums von Jesus Christus bei allen gesell-
schaftlichen Aufgaben verantwortungs- und hoffnungsvoll mitzuwirken.
– Bildung bezieht sich auf alle Menschen in allen Lebens- und Bildungsbereichen. Dies
muss die Kirche stets zuerst für sich selbst beherzigen. In dem schon einleitend begrün-
deten umfassenden Sinn entfaltet sich die Bildungsverantwortung der Kirche zum ei-
nen in Gottesdienst, Gemeindearbeit, Arbeit mit Kindern, Jugendlichen, Erwachsenen
und Senioren in den Kirchengemeinden, zum anderen als kirchliche Bildungsmitverant-
wortung in der Kinder- und Jugendhilfe sowie in der Arbeit in Kindergärten, Schulen,
Betrieben, Universitäten und anderen Einrichtungen. Wie der ganze Mensch ist Bildung
in ihrem menschlich verpflichtenden Sinn unteilbar.

Das Selbstverständnis der Schulen in evangelischer Trägerschaft ist in einer Handreichung des Rates der Evangelischen Kirche in Deutschland zusammengefasst[93]. Plura-
lität, Qualität, Bildungsgerechtigkeit, Lernortvernetzung, Orte gelebten Glaubens und
evangelischer Religionsunterricht sind die inhaltlichen Schwerpunkte, die die Handreichung ausführt. Hinzu kommen die Unterstützung der Lehrer, das Recht auf staatliche
Finanzhilfe, die Bedeutung der Schulen als Zukunftsinvestition der Kirchen und die Auf-
rechterhaltung des Angebotes an evangelischen Schulen.

Selbst-
verständnis
evangelischer
Schulen

Die Verbindlichkeit einer solchen Handreichung des Rates ist vom Selbstverständnis der
evangelischen Kirchen her eine andere, als dies bei der römisch-katholischen Kirche
für die im folgenden Absatz aufgeführten katholischen Papiere der Fall ist. Es gehört
zum Selbstverständnis des Protestantismus, dass die Richtlinien für die Arbeit nicht von
einem Heiligen Stuhl, sondern aus der Mitte der Gemeinde kommen. Natürlich gibt es
auch hier Unterschiede zwischen den verschiedenen Landeskirchen und Strömungen,
und nicht-kirchliche Schulträgerinnen gehen noch einmal ganz anders mit den Grundsatzfragen um als Synoden und Kirchenleitungen.

In der Handreichung heißt es dazu: „In der Vielfalt der Profile und Träger evangeli-
scher Schulen spiegelt sich die innere Vielfalt der reformatorischen Kirchen sowie des
Protestantismus ebenso wie die regional unterschiedliche historische Entwicklung."[94]

---

93 RAT DER EVANGELISCHEN KIRCHE IN DEUTSCHLAND (2008)
94 RAT DER EVANGELISCHEN KIRCHE IN DEUTSCHLAND (2008) p 35

Evangelisches
Demokratie-
verständnis
Eine besondere Bedeutung hat im evangelischen Bereich das Demokratieverständnis. Die Denkschrift „Der Staat des Grundgesetzes als Angebot und Aufgabe"[95] enthält die Kernbotschaft schon in der Überschrift. Die evangelische Schule ist einerseits ein Ort des Einübens von Demokratie für Kinder und Jugendliche. Andererseits ist sie aber auch eine Aufgabe der Evangelischen Kirche im Sinne eines Beitrages zur Demokratie.

Katholisches Bildungsverständnis

Gravissimum
educationis
In der letzten Sitzung des II. Vatikanischen Konzils wurde die Erklärung *Gravissimum educationis*[96] über die christliche Erziehung verabschiedet, die grundlegende Richtlinien für die katholische Erziehung enthält[97].

Diese Erklärung ist gleichsam eine Verfassung der katholischen Erziehung, die auch den Auftrag an die Bildungskongregation enthält, diese grundlegenden Richtlinien weiter auszuarbeiten.

> Die „Kongregation für das katholische Bildungswesen" ist eine der neun Kongregationen des Heiligen Stuhls. Fasste man den Papst als Staatsoberhaupt des Vatikanstaates auf, dann entspräche die Kongregation einem Ministerium, das in bestimmten Bereichen Leitungsaufgaben wahrnimmt. Die Äußerungen der Kongregationen bzw. ihrer Präfekten sind in der katholischen Kirche dementsprechend leitend.

Gravissimum educationis *ist in zwölf Absätze*[98] *gegliedert:*

1. **Das Recht jedes Menschen auf Bildung** *– Alle Menschen, gleich welcher Herkunft, welchen Standes und Alters, haben kraft ihrer Personenwürde das unveräußerliche Recht auf eine Erziehung.*

2. **Die christliche Erziehung** *– Alle Christen haben das Recht auf eine christliche Erziehung.*

3. **Die Eltern, die ersten Erzieher** *– Da die Eltern ihren Kindern das Leben schenkten, haben sie die überaus schwere Verpflichtung zur Kindererziehung.*

4. **Die verschiedenen Hilfsmittel der christlichen Erziehung** *– In der Erfüllung ihrer Erziehungsaufgabe ist die Kirche um alle geeigneten Hilfsmittel bemüht. Das ist zuerst die katechetische Unterweisung, aber auch die Schule.*

5. **Die Schule** *– Unter allen Erziehungsmitteln hat die Schule eine ganz besondere Bedeutung, weil sie kraft ihrer Mission die geistigen Fähigkeiten in beharrlicher Mühe heranbildet, das rechte Urteilsvermögen entwickelt, in das von den vergangenen Generationen erworbene kulturelle Erbe einführt, den Sinn für die Werte erschließt und auf das Berufsleben vorbereitet.*

---

95 RAT DER EVANGELISCHEN KIRCHE IN DEUTSCHLAND (1985)
96 Lateinisch für „Über die entscheidende Bedeutung der Erziehung"
97 II. VATIKANISCHES KONZIL (1965)
98 Jeder dieser Absätze besteht aus einer ausführlichen Erläuterung der Überschrift, hier sind die Inhalte der Absätze stark verkürzt wiedergegeben.

*6. **Rechte und Pflichten der Eltern** – Die Eltern, die zuerst und unveräußerlich die Pflicht und das Recht haben, ihre Kinder zu erziehen, müssen in der Wahl der Schule wirklich frei sein.*

*7. **Die nichtkatholische Schule** – Die Kirche muss mit besonders liebevoller Hilfsbereitschaft der großen Zahl jener nahe sein, die ihre Ausbildung in nichtkatholischen Schulen erhalten: durch das lebendige Vorbild jener Katholiken, die sie dort lehren und leiten.*

*8. **Die katholische Schule** – Die Präsenz der Kirche im schulischen Bereich zeigt sich in besonderer Weise durch die katholische Schule. Diese verfolgt nicht weniger als andere Schulen die Bildungsziele und die menschliche Formung der Jugend.*

*9. **Verschiedene Formen katholischer Schulen** – Dem Leitbild der katholischen Schule müssen alle von der Kirche in irgendeiner Weise abhängigen Schulen zu entsprechen suchen.*

*10. **Die Hochschulen** – Gleicherweise widmet die Kirche den Hochschulen, insbesondere den Universitäten und Fakultäten, ihre angelegentliche Sorge.*

*11. **Die theologischen Fakultäten** – Den theologischen Fakultäten vertraut die Kirche die überaus wichtige Aufgabe an, ihre Studenten nicht nur auf den priesterlichen Dienst, sondern besonders für die Tätigkeit auf den Lehrstühlen der Theologie und auf eigenständige Weiterarbeit in der Wissenschaft oder auf schwierigere Aufgaben im geistigen Apostolat vorzubereiten.*

*12. **Die Koordinierung katholischer Schulen** – Weil sich die Zusammenarbeit auch im Schulwesen als höchst notwendig erweist, muss mit allen Mitteln danach gestrebt werden, dass zwischen den katholischen Schulen eine angemessene Koordinierung zustande kommt und zwischen ihnen und den übrigen Schulen jene Zusammenarbeit gefördert wird, die das Wohl der gesamten menschlichen Gesellschaft erfordert.*

Die Kongregation für das katholische Bildungswesen der römisch-katholischen Kirche hat den Auftrag des II. Vatikanischen Konzils aufgegriffen und die Grundlagen von Bildung und Erziehung an katholischen Schulen in bisher sechs Texten ausgeführt. Diese befassen sich mit dem Selbstverständnis der katholischen Schulen[99], der Rolle der Laien in der Schule[100], der religiösen Dimension von Erziehung[101], den Herausforderungen des dritten Jahrtausends[102], den Ordensleuten und Priestern in der Schule[103] und mit der Aufgabenteilung zwischen diesen und den Laien[104].

Die Bildungskongregation beklagt eine Wertekrise, die Formen eines verbreiteten Subjektivismus, eines moralischen Relativismus und eines Nihilismus annehme. Der tiefgreifende Pluralismus, der das gesellschaftliche Bewusstsein durchziehe, lasse ver-

---

99 KONGREGATION FÜR DAS KATHOLISCHE BILDUNGSWESEN (1977)
100 KONGREGATION FÜR DAS KATHOLISCHE BILDUNGSWESEN (1982)
101 KONGREGATION FÜR DAS KATHOLISCHE BILDUNGSWESEN (1988)
102 KONGREGATION FÜR DAS KATHOLISCHE BILDUNGSWESEN (1997)
103 KONGREGATION FÜR DAS KATHOLISCHE BILDUNGSWESEN (2002)
104 KONGREGATION FÜR DAS KATHOLISCHE BILDUNGSWESEN (2007)

schiedene Haltungen entstehen, die in einigen Fällen derart gegensätzlich seien, dass sie eine Bedrohung für jegliche gemeinschaftliche Identität darstellten. In diesem Zusammenhang – so die Kongregation – werde es immer wichtiger, den Jugendlichen einen schulischen Weg anzubieten, der mehr sei als eine einfache individualistische und instrumentale Pflichterfüllung zum Erreichen einer Qualifikation.

Auf dem Hintergrund der römischen Papiere hat die Kommission für Erziehung und Schule der Deutschen Bischofskonferenz eine Erklärung zu Fragen der Bildungspolitik in Deutschland abgegeben. Diese Erklärung beschreibt Bildung als Erfahrungs- und Urteilsfähigkeit des Menschen und als Lebensform, die von einer geistigen Mitte aus gestaltet und an eine Werteordnung rückgebunden ist[105]. Der weitere Text der Erklärung beschreibt ausführlich die Grundlagen von Bildung und Erziehung aus katholischer Sicht.

Katholische Schule als Ort der Formung von Persönlichkeit

Der Kern des katholischen Bildungsverständnisses ist die Begegnung mit Jesus Christus und zwischen den Menschen. Dabei ist der Erziehende immer ein Vorbild, auch und vor allem in Bezug auf gelebten Glauben. Die Schaffung einer Erziehungsgemeinschaft in der Schule für Menschen und von Menschen, die zugleich Wertegemeinschaft ist, ist eine wesentliche Aufgabe der katholischen Schule.

Damit die Lehrenden ihren Beitrag leisten können, müssen sie eine gute professionelle Ausbildung haben. Das Beherrschen adäquater Methoden und die Bereitschaft, sich ständig wechselnden und neuen Herausforderungen selbst lernend zu stellen, sind unerlässlich. Die Aufgabe der Bildung und Erziehung teilen sich aus Sicht der Bildungskongregation gläubige Laien mit Ordensleuten und Priestern. Ordensleute und Priester sind als geweihte Personen Vorbilder für ein tief im Evangelium verwurzeltes Leben. Dieses Vorbild geben sie sowohl den gläubigen Laien unter den Lehrern als auch den Jugendlichen und deren Eltern. Die Laien sind ihrerseits eingeladen, ihre Berufung als Erzieher in Gemeinschaft mit geweihten Personen zu vertiefen.

Gemeinschaft für die Öffnung gegenüber anderen

Die Gemeinschaft, die die Erziehenden leben, trägt dazu bei, den gesamten Erziehungsbereich zu einem Ort zu machen, der offen ist für die Wahrnehmung der Schöpfung und der anderen Menschen und der offen ist für Gotteserfahrung. Die Jugendlichen sollen authentisch als Personen aufwachsen, die so lernen, diese Offenheit zu leben. Dabei sollen sie eine klare Haltung zum Leben in sich selbst entwickeln. Die Gemeinschaft hilft ihnen, ihre Blicke und Herzen für die Welt zu öffnen, die sie umgibt, Dinge kritisch zu sehen, mit einem Gespür für Verantwortung und dem Wunsch nach konstruktivem Miteinander.

Eine weitere Säule offener Gemeinschaft wird durch die Beziehung zwischen der Schule und den Familien gegeben, die die katholischen Schulen für die Erziehung ihrer Kinder

---

105 Kommission für Erziehung und Schule (1993) pp 7f

auswählen. Es ist ein wesentlicher Teil des Auftrages der katholischen Schulen, Familien das Angebot andauernder Bildung zu machen. Sie unterstützen die Familien bei ihren Erziehungsaufgaben und entwickeln ein enger werdendes Band zwischen den Werten, die die Schule vorschlägt, und denen, die in der Familie zählen.

Aus kirchlicher Sicht – wie sie von der Bildungskongregation formuliert ist – kann und muss die Gemeinschaftserfahrung in der katholischen Schule offen sein für einen bereichernden Austausch mit der Kirchengemeinde, dem Bistum, den kirchlichen Bewegungen und der ganzen Kirche. Das bedeutet, dass gläubige Laien (Lehrer und Eltern) und geweihte Personen (Ordensleute und Priester), die zur Erziehungsgemeinschaft gehören, eine wichtige Rolle auch außerhalb der Schule im Leben der örtlichen Kirche einnehmen müssen.

Die katholische Schule erachtet es als ihre besondere Aufgabe, den Schüler zu einer ganzheitlichen christlichen Persönlichkeit zu formen. Die Bildungskongregation ist der Auffassung, dass dies dringlicher ist als je zuvor, da auf diesem Gebiet Familie und Gesellschaft oft versagen. *Selbstverständnis katholischer Schulen*

> *„Der Mittelpunkt der Erziehungsarbeit ist darum Christus, das Vorbild, nach dem der Christ sein eigenes Leben ausrichten muss. In diesem Punkt unterscheidet sich die Katholische Schule von jeder anderen, die sich damit begnügt, den Menschen zu bilden, während sich die Katholische Schule zum Ziel setzt, den Christen zu gestalten und durch ihre Unterweisung sowie ihr lebendiges Zeugnis den Ungetauften das Geheimnis Christi zu offenbaren, das jede Erkenntnis übertrifft."*[106]

Die katholische Schule begleitet ihre Schüler in ihren selbstbewussten Lebensentscheidungen, insbesondere bei der Erfüllung ihrer christlichen Berufung in Familie, Beruf oder sozialem Leben oder bei ihrer Berufung zum Priesteramt oder in eine Ordensgemeinschaft.

Ökumenische Impulse

Die beiden großen Kirchen haben sich immer wieder auch gemeinsam geäußert. Zwei der gemeinsamen Stellungnahmen der Deutschen Bischofskonferenz und der Evangelischen Kirche in Deutschland zeigen auf, welches Verständnis von Bildung über die gerade vorgestellten konfessionellen Unterschiede hinaus verbindende und ökumenische Grundlage für christliche Schulen sein kann.

---

106 Wörtlich zitiert aus KONGREGATION FÜR DAS KATHOLISCHE BILDUNGSWESEN (1977), die hier ihrerseits PAULUS zitiert (Eph 3,18-19).

Die Deutsche Bischofskonferenz und die Evangelische Kirche in Deutschland[107] haben gemeinsam zehn Thesen zur Bildungsdebatte formuliert, die unter dem Titel „tempi" veröffentlicht wurden:

> 1. These: Weltzeit und Lebenszeit sind auf dramatische Weise ungleich groß.

> 2. These: Weltwissen und Lebenswissen sind auf dramatische Weise ungleich groß.

> 3. These: Das Kriterium neuen Lernens: Aus Weltwissen muss Lebenswissen werden.

> 4. These: Die neuen Kommunikationstechnologien machen alles effizienter und schneller.

> 5. These: Die Verbindung von Marktwirtschaft und neuen Medien bewirkt eine Beschleunigung der Beschleunigung.

> 6. These: Ein Totalitarismus neuen Typs: Der subjektlose Funktionalismus erobert alle Lebensbereiche.

> 7. These: Der biblische Monotheismus widerspricht jedem Totalitarismus.

> 8. These: Das Sabbatparadox: Zeit hergeben heißt Zukunft gewinnen.

> 9. These: Bildungsgesellschaft statt Wissensgesellschaft: Im Zeitalter der Beschleunigung ist verstärkt die Sonntagsperspektive zu nutzen.

> 10. These: Tempi – Jedes Ding hat seine Zeit. Jeder Mensch braucht seine Zeit.

Diese gemeinsamen Thesen haben einen grundlegend anderen Charakter als die Grundsatzpapiere der beiden Konfessionen. Sie sind sehr auf die Anforderungen der Jahrtausendwende bezogen, zu der sie formuliert wurden. In dieser Beziehung sind sie grundlegend und tatsächlich überkonfessionell. Und vielleicht sind sie sogar ein erster Schritt zur Formulierung eines ökumenischen Bildungsverständnisses.

Das gemeinsame Wort des Rates der Evangelischen Kirche in Deutschland und der Deutschen Bischofskonferenz zur wirtschaftlichen und sozialen Lage in Deutschland[108] ist weit mehr als ein Beitrag zum Bildungsverständnis. In mehr als 250 Absätzen nehmen in diesem Papier beide großen Kirchen nach einem umfassenden Konsultationsprozess, an dem auch andere Kirchen beteiligt waren, ausführlich Stellung zur wirtschaftlichen und sozialen Lage in Deutschland, aber auch zu deren Grundlagen in Demokratie und christlicher Kultur.

---

107 Bildungskongress der Deutschen Bischofskonferenz und der Evangelischen Kirche in Deutschland am 16.11.2000 in Berlin

108 RAT DER EVANGELISCHEN KIRCHE IN DEUTSCHLAND UND DEUTSCHE BISCHOFSKONFERENZ (1997)

Der Rat der Evangelischen Kirche und die Deutsche Bischofskonferenz plädieren „für ein Bildungssystem, das neben beruflichen Fähigkeiten politisches Urteilsvermögen und die Fähigkeit zu politischem Engagement vermittelt"[109] und „für die Gleichwertigkeit von allgemeiner und beruflicher Bildung"[110].

> *„Zu den in der Wirkung bedeutsamsten kirchlichen Handlungsmöglichkeiten gehören Bildung und Erziehung. Auch hier versuchen die Kirchen, Menschen zu einem wertbezogenen Handeln im persönlichen, sozialen und politischen Bereich zu befähigen. Dies geschieht in den Gemeinden und Verbänden, in der Erwachsenenbildung, in der Arbeit der kirchlichen Akademien und Sozialinstitute sowie in den vielfältigen Formen kirchlicher Präsenz im staatlichen Bildungsbereich. Mit ihren öffentlichen Stellungnahmen, Denkschriften und Diskussionsbeiträgen tragen die Kirchen zur ethischen Urteilsbildung und zur gesellschaftlichen Konsensbildung bei. Von besonderer Bedeutung sind der Religionsunterricht in der Schule, auch und vor allem in der berufsbildenden Schule, das kirchliche Bildungs- und Erziehungsangebot durch eigene Schulen, Internate und Kindergärten, aber auch die Präsenz der Kirchen an den Hochschulen und Universitäten. Hier ereignet sich die Vermittlung von Werten, die für das Zusammenleben der Gesellschaft grundlegend sind."[111]*

Dieses gemeinsame Wort zeigt, dass sich die Basis von Bildung und Erziehung für die Arbeit an den christlichen Schulen wesentlich weiterentwickelt hat. Die Kirchen stellen sich den Herausforderungen der gesellschaftlichen Entwicklungen, und sie tun dies auch mit ihren eigenen Schulen.

---

109 RAT DER EVANGELISCHEN KIRCHE IN DEUTSCHLAND UND DEUTSCHE BISCHOFSKONFERENZ (1997), Absatz 113
110 RAT DER EVANGELISCHEN KIRCHE IN DEUTSCHLAND UND DEUTSCHE BISCHOFSKONFERENZ (1997), Absatz 207
111 RAT DER EVANGELISCHEN KIRCHE IN DEUTSCHLAND UND DEUTSCHE BISCHOFSKONFERENZ (1997), Absatz 255

Wir haben versucht, einen Einblick in die wichtigsten katholischen und evangelischen Grundsatzpapiere über christliche Schulen und Bildung zu geben.

Auf katholischer Seite haben wir Papiere der Kongregation für das katholische Bildungswesen und auf evangelischer Seite Papiere des Rates der Evangelischen Kirche in Deutschland vorgestellt. Diese Papiere sind für die Schulen in christlicher Trägerschaft selbstverständlich nur so verbindlich, wie sie auch von der einzelnen Schule wahrgenommen werden. Und wir wissen auch, dass es bei vielen Trägerinnen noch eigene Grundsatzpapiere zu Schule in christlicher Trägerschaft gibt, insbesondere auch auf Bistumsebene oder in den Landeskirchen.

Dieses Kapitel wollte aber auch nicht vollständig sein, es sollte vielmehr anhand der offiziellen Verlautbarungen der beiden großen Konfessionen exemplarisch auch auf die grundsätzliche Verschiedenheit der Schulen in christlicher Trägerschaft hinweisen.

Für die beiden großen Konfessionen haben wir deren theoretisches Bildungsverständnis beschrieben und zudem deren gemeinsame Beiträge „tempi" und „Für eine Zukunft in Solidarität und Gerechtigkeit" vorgestellt.

Welche Bedeutung dieses jeweilige Bildungsverständnis für die Schulen hat, versuchen wir in den Folgebänden zu verdeutlichen.

Profilierung christlicher Schulen

Schulen zu profilieren ist sehr modern, und es macht fast den Eindruck, als sei es lebens- *Profilierung*
notwendig für die Schulen. Wahrscheinlich ist das gar nicht so falsch, denn Schulen sind *als Prozess der*
Angebote auf einem Bildungsmarkt und die Abgrenzung von der Konkurrenz ein Vorteil *Schulentwicklung*
beim Kampf um die Nachfrage. Dabei kann es schnell passieren, dass die Profilierung
zum Selbstzweck wird.

> *Das Profil einer Schule wird möglicherweise von einer Arbeitsgruppe erstellt, die sich
> intensiv mit all dem beschäftigt, was für eine Profilbeschreibung notwendig ist. In ei-
> nigen Fällen wird aus dem Profilpapier ein Werbeblatt, gelegentlich findet es auch den
> Weg auf die Internetseite der Schule und wird auf diese Weise öffentlich gemacht. Ob
> das Profil tatsächlich die Schule beschreibt oder doch nur der aufgeschriebene Wunsch
> der Beteiligten ist, wird eher selten geprüft. Was spricht auch dagegen, eine Schule
> für gut zu halten, weil viele dorthin wollen, oder ein Profil für gelebt zu halten, das
> aufgeschrieben wurde? Streng genommen gar nichts. Aber es ist auch kein tragfähiges
> Konzept für den Betrieb einer Schule.*

Schule kann aus einer christlichen Grundauffassung heraus betrieben werden, ohne
dass damit sofort ein Profil verbunden ist. Das Profil folgt dann als Ergebnis einer Entwicklung der Schule durch die Schulgemeinde, also die Schüler, Lehrer, Eltern, die Ini-
tiatoren oder Trägerinnen und Partner der Schule. Konkret heißt das, dass eine Schule
gegründet oder betrieben wird, die sich erst durch das Wirken der Schulgemeinde profi-
liert und dieses Profil auch mit der Zeit verändert und anpasst.

Das alles geschieht entweder willkürlich oder aber auf einer unbestrittenen und von den
Beteiligten akzeptierten Basis, also z. B. der Satzung eines Trägervereins oder dem Bildungsverständnis. Natürlich ist dies kein beliebiger Prozess. Eine Kirchengemeinde wird
kaum eine eigene Schule tragen wollen, die nur von Schülern der Nachbargemeinden
besucht wird.

Die Grundlage der von uns vorgeschlagenen Profilierung einer christlichen Schule folgt
genau diesem Ansatz: Die Schulgemeinde der christlichen Schule hat ein im christlichen Glauben fundiertes Einvernehmen über den Menschen, seine Bildung und seine
Begleitung. Aus diesem Grundverständnis heraus wird die Schule betrieben, das Profil
entwickelt sich im Verlauf des Schulalltags. Es ist keine Setzung, sondern ein sich ver-
ändernder Rahmen, eine abgrenzende Linie, die die Schule umfasst, die aber beweglich
und formbar bleibt. Rein technisch beschrieben ist eine solche Schule eine lernende
Organisation.

Wenn eine christliche Schule auf einer christlichen Basis betrieben wird und ausgehend von dieser Basis Schulentwicklung stattfinden soll, ist zunächst der Blick auf diese Basis wichtig. Es ist gar nicht einfach zu benennen, was denn christliche Schulen gemeinsam haben. Schließlich lässt sich das Adjektiv „christlich" in vielfältiger Weise füllen – beispielsweise je nachdem, ob man dieses aus dem Verständnis einer christlichen Schule in staatlicher Trägerschaft, aus dem Verständnis unterschiedlicher Trägerinnen oder vor dem Hintergrund unterschiedlicher regionaler Erfahrungen, z.B. der alten Bundesrepublik oder der DDR vornimmt.

Selbst wenn man sich auf ein Verständnis einigen kann, stellt es eine zweite Herausforderung dar, sich auf gemeinsame Indikatoren dafür zu verständigen, ob ein Kriterium christlicher Schule als erfüllt gelten kann. Und davor muss man Kriterien für christliche Schulen bzw. Merkmale christlicher Schulen benennen.

Es ist leicht nachvollziehbar, dass die Beschreibung des Christlichen einer Schule nicht dadurch erfolgen kann, dass man neben der allgemein üblichen und guten pädagogischen Praxis ein paar weitere Aspekte benennt, die dann für das Christliche stehen, wie z. B. Schulgottesdienste oder Diakoniepraktika. Vielmehr muss deutlich werden, dass vor allem der Unterricht – und zwar in allen Fächern – an einer christlichen Schule nicht daran vorbei kommt, aus einem christlich fundierten Bildungsverständnis heraus erteilt zu werden.

Daraus folgt bildlich, dass das Profil einer christlichen Schule keine Linie der Pädagogik ist, die um das Christliche verlängert wird. Das Christliche ist vielmehr eine Blickrichtung, eine Perspektive, die Pädagogik eine andere Perspektive, und zwischen beiden spannt sich das Profil auf. Und schließlich gibt es eine dritte Perspektive: die der an Schule beteiligten Menschen, der Schulgemeinde.

Schulgemeinde

Viele Menschen leben, lehren und lernen in der Schule. Die Perspektive der Schulgemeinde ist die der Menschen, die in einer christlichen Schule wirken, also der Schüler, Lehrer und Eltern, aber auch der Menschen, die die Aufgaben der Schulträgerin wahrnehmen und auch derjenigen, die als Partner der Schule wirken. Wir nennen die einzelnen Gruppen kurz die Schüler, die Lehrer, die Eltern, die Trägerinnen, die Partner und als besondere Gruppe die Schulleitungen. Wer oder was zu den einzelnen Gruppen gehört, wollen wir kurz erläutern.

Schüler an christlichen Schulen sind schulpflichtige Kinder und Jugendliche, aber – je nach Schulart – auch Erwachsene. Abhängig von der Schulart heißen die Schüler auch Fachschüler, Studenten, Kollegschüler oder Auszubildende.

Lehrer sind Lehrkräfte im engeren Sinne, also solche, die eine Ausbildung zum Lehramt der Primar- oder Sekundarstufe haben bzw. über eine Lehrerlaubnis verfügen. Und Lehrer sind Lehrkräfte im weiteren Sinne, wie sonderpädagogische Unterrichtshilfen und je nach Schulart die Erzieher, Pädagogen, Sonderpädagogen, Sozialpädagogen, Psychologen, Therapeuten und Dozenten.

Schüler, Lehrer, Eltern

Eltern sind in der Regel die leiblichen, Pflege- oder Adoptiveltern der Schüler. Darüber hinaus können aber auch andere so genannte Personensorgeberechtigte das Elternrecht wahrnehmen, wie etwa Vormünde oder Jugendämter.

Der Träger oder die Trägerin der christlichen Schule kann der Staat sein, wie im Falle der Bekenntnisschulen in Nordrhein-Westfalen und Niedersachsen. In der Regel sind christliche Schulen jedoch in freier Trägerschaft. Die größten Träger sind wie weiter oben im Einzelnen aufgelistet die Bistümer, Orden und Landeskirchen sowie das CJD[112] als größter christlicher Schulträger außerhalb der Kirchen.

Trägerinnen

Im staatlichen Sinne sind die Schulträger meistens die Kommunen und Kreise, die die Eigentümer und Bewirtschafter der Schulgebäude sind. Freie Schulträgerinnen sind nicht nur Trägerinnen der Gebäude, sie sind darüber hinaus Anstellungsträgerinnen der Lehrer, Vertragspartnerinnen der Schüler und Eltern und in aller Regel auch inhaltlich, pädagogisch und weltanschaulich geprägte Personen und Körperschaften.

Es sind viele Partner einer christlichen Schule denkbar. Es gibt Partner im Sinne der Schulart, also z. B. die Hochschulen bei den Gymnasien, die Kindergärten bei den Grundschulen, die Betriebe bei den Berufsschulen. Dann gibt es Partner im Sinne der Schulform, also beispielsweise das Internat bei Internatsschulen, der Hort bei Hortschulen und das Krankenhaus bei Schulen für Kranke. Und es gibt Partner im Sinne des Schultyps, also z. B. die Diakonieanstalt bei Schulen mit Diakonieprofil, das Altenpflegeheim bei Fachschulen für Altenpflege und die Metallwerkstatt bei Berufsschulen mit Metallberufen.

Partner

Darüber hinaus gibt es Partner mit und bei den Pfarr- und Kirchengemeinden, den Kommunen und Kreisen, der Caritas und der Diakonie, der Polizei und den Beratungsstellen und vielen mehr. Die Bedeutung der Partner ist sehr unterschiedlich, ihre Beteiligung an der Schule jedoch meist nicht unerheblich.

Partner der Schule sind bei Schulen in freier Trägerschaft von noch größerer Bedeutung als bei staatlichen Schulen. Der wichtigste Partner ist der Staat selbst, der die Schulaufsicht über das gesamte Schulwesen hat, der die Genehmigungs- und Anerkennungsvoraussetzungen überwacht und der die Finanzhilfe gewährt.

---

112 Das CJD, Christliches Jugenddorfwerk Deutschlands, ist ein Verein und bundesweit Träger von mehr als 40 Schulen verschiedener Schularten.

Schulleiterin, Die Schulleitung ist wesentlich schwerer zu definieren, als dies der Blick auf eine kon-
Schulleiter und krete Schule vermuten lässt. An der Spitze einer Schule steht eine Schulleiterin oder ein
Schulleitung Schulleiter. Um die Geschlechterspezifizierung zu umgehen, wird für diese Einzelperson
auch oft das Wort Schulleitung benutzt. Schulleitung steht jedoch eigentlich für mehr
als eine Person. Zur Schulleitung gehört in der Regel der stellvertretende Schulleiter bzw.
die stellvertretende Schulleiterin und weitere Mitglieder der (erweiterten) Schulleitung.
Je nach Schulart und Schulform kommen Stundenplaner, Verwaltungsleiter, Stufen- oder
Abteilungsleiter usw. hinzu.

Schulleitung als Oft ist die Schulleitung vor allem bei kleineren Trägerinnen auch mit Trägeraufgaben
Vorgesetzte der betraut, z. B. mit der Organisation der Reinigungs- und Instandhaltungsarbeiten. Man-
Lehrer che Schulleiter sind arbeitsrechtlich betrachtet Vorgesetzte. Wenn die Schule Bestandteil
einer größeren Einrichtung ist, dann kommt es vor, dass die Schulleiter lediglich Teil der
Leitung sind, den Vorgesetztenstatus also mit anderen teilen. Und schließlich gibt es
auch Fälle, in denen die Schulleitungen gar nicht Teil der Leitung einer Gesamteinrich-
tung sind, wie das z. B. bei kleineren Fachschulen oft der Fall ist. Arbeitsrechtlich sind
sie dann gar nicht die Vorgesetzten der Lehrer.

> *Die Definitionsbreite von Schulleitung und die Unterschiedlichkeit ihrer Bedeutung in*
> *den verschiedenen Schulen führen dazu, dass Schulleitung paradoxer Weise nicht als*
> *klar definierte Gruppe der Schulgemeinde zu fassen ist. Je nachdem, welchen Aspekt*
> *von Schule man betrachtet, sind die Schulleiter Vertreter der Trägerin oder sie sind*
> *Lehrer. Unbestritten sind sie immer auch Leitung, aber in einem Fall als Gegenüber und*
> *in einem anderen Fall als Teil des Lehrerkollegiums.*

Bei unseren Vorschlägen zur Schulentwicklung beziehen wir die personale Perspektive
oder besser: die Perspektive der Schulgemeinde in fünffacher Hinsicht ein:

- die der **Schüler** (Schülerinnen, Studenten und Studentinnen, Auszubildenden)
- die der **Lehrer** (Lehrerinnen, Dozenten und Dozentinnen, Erzieherinnen und
  Erzieher, Therapeuten und Therapeutinnen usw.)
- die der **Eltern** (Personensorgeberechtigten, Vormünde)
- die der **Trägerinnen** und Träger der Schulen
- die der **Partner** (interne Partner z. B. in Internat, Hort und Werkstatt, externe
  Partner z. B. bei Staat, Kirchen und Verbänden)

In diesem Punkt unterscheidet sich unser Ansatz sehr deutlich von den üblichen Ansätzen zur Schulentwicklung, die – zumindest im staatlichen Bereich – die Trägerinnen
nicht und die Partner nur bedingt im Blick haben. Und auch wenn das Elternrecht ein
Grundrecht ist, wird die Rolle der Eltern nicht immer mit der Rolle der Lehrer gleichran-
gig verstanden.

Merkmale christlicher Schulen

Mit der Definition der Schulgemeinde haben wir nun festgelegt, wer in der christlichen Schule handelt. Die sich anschließende Frage ist, worin deren Handeln besteht und was dabei das Christliche ausmacht. Es geht um die Merkmale christlicher Schulen.

Genau genommen können wir diese Merkmale gar nicht mehr nennen. In den bisherigen Ausführungen haben wir den Unterschied zwischen staatlichen und freien Schulen erläutert. Wir haben von den Schulen in freier Trägerschaft die Schulen in christlicher Trägerschaft abgegrenzt – und dabei christliche Schulen in staatlicher Trägerschaft wieder mit einbezogen. Wir haben die Schulen in christlicher Trägerschaft auf das konfessionelle Bildungsverständnis bezogen und dann zwischen kirchlichen, kirchennahen und kirchenunabhängigen christlichen Schulen unterschieden. Und schließlich haben wir diesen Fächer in sechzehn Bundesländern und mindestens so vielen Schularten aufgespannt.

Das sind mehr als 1000 Variationen christlicher Schule bei etwas mehr als 2000 Schulen in christlicher Trägerschaft in Deutschland, allein schon, was die Voraussetzungen für die Errichtung und den Betrieb der Schulen angeht. Hinzu kommen noch die Aufgliederungen in Schultypen und die Profile der Schulen.

Dennoch gibt es gemeinsame Merkmale. Die leiten sich allerdings nicht davon ab, wie die christliche Schule ist, sondern wie sie ihrem Anspruch nach sein müsste. Eine Schule, die behauptet, dass sie in ihrer Arbeit einem christlichen Leitbild folgt, muss zumindest ein Leitbild haben, das man auf das Christliche prüfen kann. Und eine Schule, die sich die Förderung theologischen Nachwuchses auf die Fahne schreibt, muss sich nach Religionsunterricht und eigentlich auch nach Latein-, Griechisch- und Hebräischunterricht fragen lassen. *Normen für christliche Schulen*

Vor der Benennung der Merkmale steht die Norm, der diese Merkmale entstammen. Wer legt fest, was eine katholische, eine evangelische oder eine christliche Schule ausmacht? Ist eine Schule nur dann katholisch, wenn sie den Grundsätzen von *Gravissimum educationis* folgt? Ist eine Schule auch dann noch evangelisch, wenn sie nur der Hälfte der Thesen aus „Maße des Menschlichen" zustimmt? Die Frage, ob diese Schulen vor dem Entstehen dieser beiden Papiere schon christlich waren, zeigt, wo das Problem liegt.

Jede christliche Schule steht in einem normativen Kontext. Ein katholisches Gymnasium im Bistum Aachen ist eine deutlich andere Schule als eine Grundschule der Christengemeinschaft in Freiburg. Dabei ist nicht allein die christliche Perspektive normativ. Die Schulgemeinde ist verschieden und ebenso die gesetzlichen Rahmenbedingungen. Weiter oben haben wir ausführlich die Unterschiede zwischen den Schularten einschließlich der Genehmigungsvoraussetzungen erläutert. Natürlich gibt es Normen für Gymnasien in Nordrhein-Westfalen ebenso wie es Normen für Grundschulen in Baden-Württemberg gibt. Welche jeweils greifen, ist im Beispiel dieser beiden Schulen in Aachen und Freiburg klar.

Es gibt Normen für christliche Schulen. Einerseits das konfessionelle Bildungsverständnis, andererseits z. B. die Satzungen der Vereine und Stiftungen, die christliche Schulen tragen oder die Schulprogramme und Leitbilder der Schulen. Es gibt sogar christliche Normen für Arbeitsverträge, wenn man so will: Die Kirchengesetze, die auch ein kirchliches Tarifrecht einschließen, sind solche Normen.

Was es nicht gibt, ist ein Schema, das verrät, welche Normen für eine konkrete christliche Schule gelten. Weder die Schulart noch der Standort in einem konkreten Bundesland reichen aus, um die Normen zu fassen, denen die Schule folgt.

Vor aller Entwicklung christlicher Schulen steht die Verständigung über die Ziele der Schulentwicklung. Vor dieser steht die Feststellung des Zustandes der Schule. Und all dem zugrunde liegt die Verständigung über die Normen, nach denen die Bewertung des Ist-Zustandes, die Beschreibung des Soll-Zustandes und die Begleitung des dazwischen liegenden Prozesses der Schulentwicklung erfolgen.

Evaluation als
Grundlage der
Schulentwicklung

Natürlich haben wir all dieser Vielfalt zum Trotz vor, Merkmale christlicher Schulen zu benennen und Indikatoren zu beschreiben, mit denen man diese Merkmale belegen kann. Anders könnten wir keine Vorschläge zur Schulentwicklung machen.

Wir schlagen vor, Schulentwicklung damit zu beginnen, anhand verabredeter Kriterien zunächst die Schule zu untersuchen und den Zustand der Schule zu beschreiben. Dies geschieht mit den konkreten Merkmalen christlicher Schulen von EchriS[113]. EchriS ist ein Evaluationsinstrument für christliche Schulen. Es ist konfessions-, schulart- und bundeslandübergreifend konzipiert und hat 37 Merkmale christlicher Schulen benannt. Zu diesen Merkmalen sind bei EchriS Kriterien formuliert, die wiederum zu Indikatoren führen, an denen die Merkmale sichtbar werden.

*Unter einem **Merkmal** einer christlichen Schule verstehen wir eine Eigenschaft oder einen Bereich der Schule, der erkennbar und klar umrissen ist, wie z. B. den Unterricht, die Öffentlichkeitsarbeit, die Verträge oder die Therapieangebote.*

*Unter einem **Kriterium** für christliche Schule verstehen wir unterscheidende Argumente für oder gegen das Vorhandensein eines Merkmales. An einem Kriterium lässt sich entscheiden, wie ein bestimmtes Merkmal ausgeprägt ist, also welche Art Unterricht, welche Form von Öffentlichkeitsarbeit oder welche Struktur von Verträgen z. B. gegeben ist.*

*Ein Indikator macht ein Merkmal in einer bestimmten Ausprägung sichtbar. Wir verstehen den **Indikator** als die belegbare Ausprägung eines bestimmten Merkmales. Dabei gibt es messbare Indikatoren, wie z. B. Raumgrößen und Zeiten, die für verschiedene Dinge aufgewendet werden. Und es gibt Indikatoren, die sich nicht einfach messen lassen, wie z. B. die Zufriedenheit der Eltern mit der Betreuung der Kinder, die aber dennoch belegbar sind in der einen oder anderen Ausprägung, z. B. durch Umfrageergebnisse.*

---

113 EchriS steht für Evaluation christlicher Schulen.

Während die Merkmale durch EchriS konkret formuliert sind, werden die Indikatoren von der Schulgemeinde selbst festgelegt, sie sind nicht vorgegeben. Die für die konkrete Schule gültigen Normen fließen in die Formulierung der Indikatoren ein.

EchriS – Evaluation christlicher Schulen

Die Evaluation mit EchriS geht von einem „Evaluationskubus" aus, der drei Perspektiven umfasst: die der beteiligten Menschen, das ist die Schulgemeinde, die christliche und die pädagogische Perspektive.

Die Basis der Schule und damit auch des Evaluationskubus ist die christliche Perspektive. Das Christliche einer Schule muss sich sowohl in der Haltung der Menschen in dieser Schule als auch im Umsetzen des pädagogischen Auftrages zeigen. Dennoch gibt es Dimensionen christlicher Schulen, die darüber hinaus gehen, hier greifen vor allem auch die Normen, die sich aus dem Bildungsverständnis und den Zielen der Trägerin ergeben.

Ein einfacher Zugang zu einer Gliederung dieser Dimensionen kann über die Organisationslehre erfolgen: Aufgabenverständnis, Struktur und Kultur einer Organisation – also auch einer Schule – sind geeignet, die Organisation insgesamt zu beschreiben.[114] EchriS hat diese Begriffe zu einer theologischen bzw. christlichen Perspektive abgewandelt. Das Aufgabenverständnis, in dem sich auch das Bildungsverständnis spiegelt, wurde auf „Hoffnung" erweitert. Die Struktur wurde zu „Klarheit" und die Kultur, also die Art des Umgangs miteinander, zu „Verantwortung"[115].

Das Profil der christlichen Schule zeigt sich in der „Höhe" des Evaluationskubus, in der pädagogischen Perspektive. Es beinhaltet die Normen, die sich aus den pädagogischen Rahmenbedingungen ergeben. Die pädagogischen Aufgaben einer Schule lassen sich mit den Dimensionen Bildung, Erziehung und zunehmend auch Betreuung überschreiben. Wenn Bildung, Erziehung und Betreuung die zentralen Aufgaben staatlicher Schulen und damit auch staatlich anerkannter Ersatzschulen sind, dann versteht es sich von selbst, dass diese „Pflicht" der christlichen Schulen sich im Profil zeigt.

Die Dimensionen Hoffnung, Klarheit und Verantwortung konkretisiert EchriS ebenfalls in Merkmalen.

Die christliche Perspektive von EchriS

---

114 Steiger (2008) pp 17ff
115 Eine ausführliche Ableitung von Aufgabenverständnis zu Hoffnung, Struktur zu Klarheit und Kultur zu Verantwortung findet sich in den Folgebänden.

Hoffnung konkretisiert sich nach EchriS im positiven Blick auf den Anderen, in der gegenseitigen Wertschätzung und Fürsorge, in der Wahrnehmung des Förderauftrags der Schule, im Angenommensein im Gelingen und Scheitern, in der Möglichkeit der Erfahrung von Glauben, im Blick auf eine offene Zukunft und in den Therapieangeboten, sofern die Schule solche macht.

Klarheit konkretisiert sich nach EchriS im Bemühen um Wissen, das zur Orientierung hilft, im Umgang mit Zeit und Raum, in der Interaktion derer, die an der Schule beteiligt sind, in der Architektur und Ausstattung einer Schule, in den Verträgen, in der Finanzierung, in der Öffentlichkeitsarbeit und in der Leistungsbewertung, sofern die Schule die Leistungen der Schüler bewertet.

Verantwortung konkretisiert sich nach EchriS in der Verantwortung für die Schüler, in der gegenseitigen Verantwortung innerhalb der Schulgemeinde, in den Möglichkeiten der Mitwirkung aller an der Schule, im Umgang mit Macht und Ohnmacht, im Umgang zwischen den Mitarbeitenden und der Schulträgerin und im Gesellschaftsbezug von Verantwortung.

Die pädagogische Perspektive von EchriS

Die pädagogische Perspektive gliedert EchriS in die Dimensionen Bildung, Erziehung und Betreuung und benennt dazu insgesamt vierzehn Merkmale.

Bildung: Die Konkretisierung des Bildungsauftrags, der Kompetenzerwerb der Schüler, die Unterrichtsqualität, die außerunterrichtlichen Veranstaltungen, die Förderung von außerhalb des Unterrichts erworbenen Kompetenzen und die Abschlüsse und Berufsperspektiven der Schüler sind Merkmale christlicher Schulen.

Erziehung: Die Verständigung über Werte, die wertgebundenen Handlungsfelder, Formen von Religiosität, die individuellen Entfaltungsmöglichkeiten, Formen von Gemeinschaft und die Gestaltung der Erziehungspartnerschaft bei Schulen mit minderjährigen Schülern sind Merkmale christlicher Schulen.

Betreuung: Die räumlichen Rahmenbedingungen und die Ausstattung, die Organisationsstruktur der Betreuung, die Gestaltung des Betreuungsauftrags sofern die Schule ein Betreuungsangebot macht und die Zusammenarbeit mit den Partnern in der Betreuungsarbeit sind Merkmale christlicher Schulen.

Schulentwicklung

Auf der Grundlage der oben aufgeführten 37 Merkmale christlicher Schulen müssen von den Schulen und für die Schulen Indikatoren benannt werden, mit denen die Merkmale als gegeben erkannt werden können. Welche Indikatoren dabei in Frage kommen, hängt von den Normen ab, die im Wesentlichen durch die Trägerin, die Schulart und die Ländergesetzgebung auf die Schule wirken.

Wenn eine christliche Schule solche Indikatoren benannt hat, kann sie mit ihnen zeigen, dass sie die Merkmale christlicher Schulen hat. Gelingt die Belegführung nicht, dann sind die Merkmale wahrscheinlich nicht oder nicht ausreichend ausgeprägt. Dieser Unterschied zwischen Anspruch und Wirklichkeit ist einer der Motoren für Schulentwicklung. Ein zweiter ist die Feststellung, dass ein Merkmal zwar vorhanden ist, aber seine Ausprägung nicht dem entspricht, was sich z. B. aus dem Leitbild oder dem Bildungsverständnis oder vielleicht auch dem Wunsch der Lehrer, Schüler oder Eltern ergibt.

An diesen beiden Stellen setzt Schulentwicklung ein. Wenn der Zustand der Schule festgestellt ist, lässt sich prüfen, ob er den Normen – oder auch Wünschen – entspricht. Tut er es nicht, dann lässt sich ein Weg dahin beschreiben, es können Schulentwicklungsziele verabredet werden und es können Prozesse verabredet und eingeleitet werden, die dem Erreichen der Ziele dienen.

Wir werden die 37 Merkmale christlicher Schulen in den Folgebänden unserer „Vorschläge zur Entwicklung christlicher Schulen" aufgreifen. Wir werden ihre Verankerung in den christlichen Schulen zeigen und damit Vorschläge machen, wie christliche Schulen zum Benennen ihrer Indikatoren kommen und daraus Schulentwicklung betreiben können.

kurz gefasst ...

Dieser Band der „Vorschläge zur Entwicklung christlicher Schulen" trägt den Titel „Profil". Wir haben versucht, im Anschluss an die Darstellung der historischen, juristischen und politischen Grundlagen zur Profilierung christlicher Schulen die Frage zu klären, wie denn Profilierung erfolgen kann.

Wir haben vorgeschlagen, zunächst die Frage der Normen zu klären, und dann den konkreten Vorschlag gemacht, Profilierung mit der gesamten Schulgemeinde anhand der Kriterien von EchriS zu betreiben.

An den Schluss haben wir die Dimensionen von EchriS gestellt: Hoffnung, Klarheit, Verantwortung, Bildung, Erziehung und Betreuung und die dazugehörenden Merkmale christlicher Schulen, wie sie von EchriS vorgeschlagen werden.

Zum Umstieg

Zum Einstieg hatten wir formuliert, dass es wichtig ist, um die Geschichte, die Rechtsgrundlagen und die Spielräume christlicher Schulen zu wissen.

Wir haben erläutert, welche Stellung christliche Schulen im deutschen Schulsystem haben und wie diese Stellung gesetzlich verankert ist. Wir haben die Rolle der Schulaufsicht und die Struktur der Schulgesetze beschrieben und dabei besonders die Rechte und Pflichten der Schulen in freier Trägerschaft im Blick gehabt.

In einem zweiten Absatz haben wir die Geschichte der christlichen Schulen erzählt. Wir haben dargestellt, welche christlichen Schulen es gibt und wie das Schulsystem gegliedert ist, zu dem diese Schulen neben den staatlichen Schulen gleichwertig gehören.

Ein dritter Absatz beschäftigt sich mit dem Bildungsverständnis der beiden großen Konfessionen. Und im letzten Absatz haben wir die Profilierung christlicher Schulen auf dem Hintergrund der von EchriS vorgeschlagenen Merkmale erläutert.

Damit ist aus unserer Sicht die Grundlage für die Entwicklung christlicher Schulen vollständig beschrieben. In den Folgebänden wollen wir entlang der Dimensionen Hoffnung, Klarheit, Verantwortung, Bildung, Erziehung und Betreuung konkrete Vorschläge zur Schulentwicklung machen.

Wir werden versuchen, Merkmale wie „Der positive Blick auf den Anderen" oder „Umgang mit Macht und Ohnmacht" zu konkretisieren. Worin zeigen sich solche Merkmale in christlichen Schulen und wie wirken sich die unterschiedlichen Normen auf diese Merkmale aus? Was kann eine Schule tun, um ein nicht vorhandenes Merkmal zu entwickeln?

Bis hierher freuen wir uns, wenn wir einen Beitrag zum Selbstbewusstsein und damit zum Profil christlicher Schulen geleistet haben, zu ihrer Entwicklung wollen wir in den Folgebänden beitragen.

Literatur

Im Text zitierte Quellen

KOMMISSION FÜR ERZIEHUNG UND BILDUNG (1993): Bildung in Freiheit und Verantwortung. Erklärung zu Fragen der Bildungspolitik. Sekretariat der Deutschen Bischofskonferenz, Bonn

KONGREGATION FÜR DAS KATHOLISCHE BILDUNGSWESEN (1977): Die katholische Schule. Vatikan

KONGREGATION FÜR DAS KATHOLISCHE BILDUNGSWESEN (1982): Lay catholics in schools: witnesses to faith. Vatikan

KONGREGATION FÜR DAS KATHOLISCHE BILDUNGSWESEN (1988): Die religiöse Dimension der Erziehung in der katholischen Schule. Vatikan

KONGREGATION FÜR DAS KATHOLISCHE BILDUNGSWESEN (1997): Die katholische Schule an der Schwelle zum dritten Jahrtausend. Vatikan

KONGREGATION FÜR DAS KATHOLISCHE BILDUNGSWESEN (2002): Personen des geweihten Lebens und ihre Sendung in der Schule. Vatikan

LUTHER, MARTIN (1524): An die Ratsherren aller Städte deutschen Landes, dass sie christliche Schulen aufrichten und halten sollen. D. Martin Luthers Werke (Weimarer Ausgabe) Band 15, pp 27 ff

MELANCHTHON, PHILIPP (1528): Kursächsische Schulordnung. Vollständig zitiert in: VORMBAUM, REINHOLD (1860): Die Evangelischen Schulordnungen des 16. Jahrhunderts. Bertelsmann, Gütersloh, pp 1-8

RAT DER EVANGELISCHEN KIRCHE IN DEUTSCHLAND (1985): Der Staat des Grundgesetzes als Angebot und Aufgabe. Eine Denkschrift. Gütersloher Verlagshaus, Gütersloh

RAT DER EVANGELISCHEN KIRCHE IN DEUTSCHLAND (2003): Maße des Menschlichen. Evangelische Perspektiven zur Bildung in der Wissens- und Lerngesellschaft. Eine Denkschrift. Gütersloher Verlagshaus, Gütersloh

RAT DER EVANGELISCHEN KIRCHE IN DEUTSCHLAND (2008): Schulen in evangelischer Trägerschaft – Selbstverständnis, Leistungsfähigkeit und Perspektiven. Eine Handreichung. Gütersloher Verlagshaus, Gütersloh

RAT DER EVANGELISCHEN KIRCHE IN DEUTSCHLAND UND DEUTSCHE BISCHOFSKONFERENZ (1997): Für eine Zukunft in Solidarität und Gerechtigkeit. Wort zur wirtschaftlichen und sozialen Lage in Deutschland. Kirchenamt der EKD, Hannover, Sekretariat der DBK, Berlin

SOCIETAS JESU (1603): Ratio atque institutio studiorum societatis Iesu. Neapel. SJ Archiv, Wien

STANDFEST, CLAUDIA; KÖLLER, OLAF; SCHEUNPFLUG, ANNETTE (2005): leben – lernen – glauben. Zur Qualität evangelischer Schulen. Waxmann, Münster

STEIGER, THOMAS (2008): Organisationsverständnis. In: STEIGER, THOMAS; LIPPMANN, ERIC: Handbuch Angewandte Psychologie für Führungskräfte. 3. Auflage, Springer, Berlin, pp 17ff

VIVES, JUAN LUIS (1531): De tradendis disciplinis. Brügge

I. VATIKANISCHES KONZIL (1870): Pastor aeternus – über die Kirche Christi. Vatikan

II. VATIKANISCHES KONZIL (1964): Lumen gentium – Dogmatische Konstitution über die Kirche. Vatikan

II. VATIKANISCHES KONZIL (1965): Gravissimum educationis – Über die christliche Erziehung. Vatikan

Weiterführende Literatur

AVENARIUS, HERMANN; HECKEL, HANS (2000): Schulrechtskunde. 7. Auflage, Luchterhand, Neuwied

BÖHM, WINFRIED (2007): Geschichte der Pädagogik. C. H. Beck, München

HERRLITZ, HANS-GEORG; HOPF, WULF; TITZE, HARTMUT; CLOER, ERNST (2009): Deutsche Schulgeschichte von 1800 bis zur Gegenwart. Eine Einführung. 5. Auflage, Juventa, Weinheim

KONRAD, FRANZ-MICHAEL (2007): Geschichte der Schule. Von der Antike bis zur Gegenwart. C. H. Beck, München

SCHREINER, MARTIN (1999): Stellungnahmen der Evangelischen Kirche in Deutschland zu evangelischen Schulen. In: SCHEILKE, CHRISTOPH; SCHREINER, MARTIN: Handbuch Evangelische Schulen. Gütersloher Verlagshaus, Gütersloh; pp 397ff

VOGEL, JOHANN PETER (1997): Das Recht der Schulen und Heime in freier Trägerschaft. 3. Auflage, Luchterhand, Neuwied